JOE GIRARD

最強の営業法則

ジョー・ジラード
＋スタンリー・H・ブラウン 著
石原薫 訳

フォレスト出版

HOW TO SELL ANYTHING TO ANYBODY
by Joe Girard and Stanley H. Brown

約束しよう。私にできたことはあなたにも必ずできる。それを信じようとしない、最も難しい客であるあなたに、本書でそれを納得させてみせよう。

THE GUINNESS BOOK OF WORLD RECORDS より

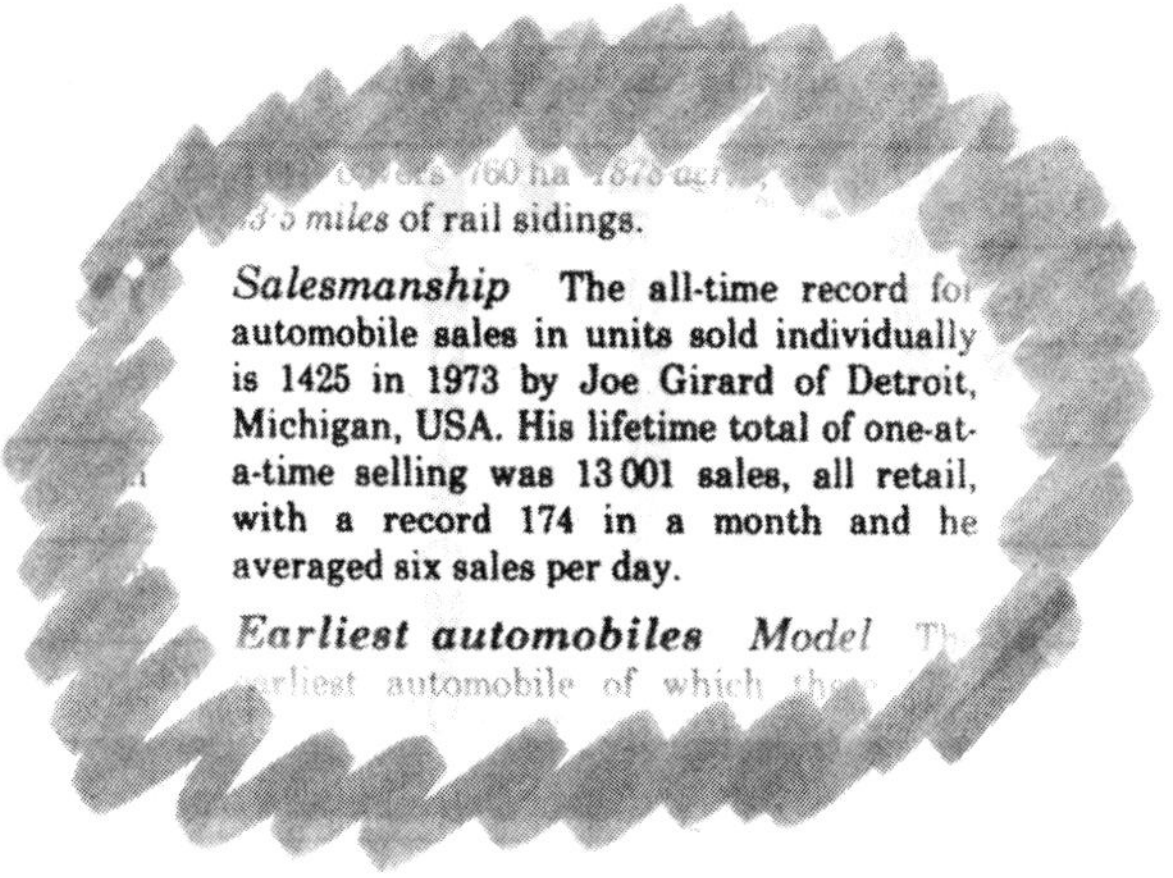

of rail sidings.

Salesmanship **The all-time record for automobile sales in units sold individually is 1425 in 1973 by Joe Girard of Detroit, Michigan, USA. His lifetime total of one-at-a-time selling was 13 001 sales, all retail, with a record 174 in a month and he averaged six sales per day.**

Earliest automobiles ***Model***

天国の母に捧ぐ。

私の命を救い、私を価値ある人間だと思わせてくれたその愛に感謝を込めて。

目次

ブックデザイン／小口翔平＋山之口正和＋上坊菜々子(tobufune)
DTP／野中賢(システムタンク)
編集協力／鹿野哲平

はじめに

あなたはこの本を読めばもっと金が稼げて、もっと満足のいく仕事ができると期待してこの本を手に取ったことだろう。営業について書かれた本を読むのはこれが初めてではないはずだ。

「読めば必ず営業のノウハウや秘訣がわかり、やる気が出る」と謳った本をたくさん目にし、実際に読んでもいるにちがいない。毎朝、鏡に向かって何かを唱えながら自分に喝を入れる方法もたくさん知っているだろう。

さまざまな謎めいた頭文字の意味や自己啓発のキーワード、それらがもつという不思議な力についても、すでに知っているはずだ。どんなことを考えるべきで、どんなことを考えるべきでないか、そうしたことのプラスもマイナスもわかっている。そして、今頃は本ごとに食いちがうアドバイスに少々混乱気味、といったところではないだろうか。

次から次へとそういう本を世に送り出す提唱者や専門家など、悪意のない人たちの仕事を奪うつもりはない。その人たちも食べていかなければならないからだ。

しかし、よく考えてみてほしい。あなたが今知りたいのは、現実の製品やサービスがどうすれば今すぐに売れるかだ。それなのにそういった本の著者のほとんどは、自分の本以外に物を売った経験のない人たちだ。

プロの物書きか営業トレーニングの専門家かもしれない。何週間か何カ月間、営業を経験した結果、自分には実際の営業よりも別の才能があることに気づいた人たちかもしれない。なかには、百万ドル単位の不動産開発物件を二年に一件くらい売って大儲けした人も一人ぐらいいいるかもしれない。

だがそういう類の営業は、あなたが実際に携わっていて、もっとうまくなりたいと思っているものとは全然別のものだ。

そこが大事なのだ。われわれのように、日々生活のために物を売っている営業マンとは違うのだ。彼らは必要に迫られてやっているのではない。本にはもっともらしいことが書かれているだろうし、その本に支払った分くらいの元は取れるだろう。しかし、彼らは、どんなに優秀だろうと、やはりわれわれのような営業マンとは違うのだ。

だが、私はあなたと同じような営業マンだ。私は乗用車やトラックを売ってきた。新車だけを個人客に売ってきた。大口の一括販売はせず、新しい乗用車やトラックの新車だけを、一台ずつ、顔と顔、腹と腹をつき合わせて、あなたが売っている相手と同じような相手に、毎日売ってきた。

あなたが売っているものは、自動車、スーツ、住宅、電化製品、家具などだろうか。来る日も来る日も売り続け、数を売ってようやく儲けが出るようなものではないだろうか。だとすれば、専門家が書いた本を読んで直感的に私と同じ感想を持ったはずだ。何かが足りない、と。何が足りないのか、あなたには本能的にわかっている。それは、身をもって現場を知っているわれわれの問題、われわれの仲間、われわれの世界のことだ。どうも彼らは、われわれのように明日食べていくために日々第一線で戦っているにおいがしない。

私の本はそこが違う。他の本と違ってこの本が本当に役に立つのはそのためだ。それは私が今のあなたと同じように、毎日現場にいたからだ。あなたがしていることを私もしていたからだ。あなたが感じていることを私も感じ、あなたが望んでいることを私も望んだからだ。そして私は望んだものを手にした。

他にも世界一の営業マンと呼ばれた人たちはいる。しかし、われわれとは違う種類の営業マンだ。われわれのような営業マンの中では、私が世界一だ。私の言葉を信じる必要はない。嘘だと思うなら、世界でもっとも権威のあるギネスブックを見てみればいい。私が、自分に都合のよいデータでナンバーワンだと主張する口先ばかりの人たちと違うことは、大手監査法人デロイト・トウシュの監査によって証明されている。

ギネスブックで世界一の営業マンを検索してみるといい。私の名、ジョー・ジラードが見つかるはずだ。また、『ニューズウィーク』、『フォーブズ』、『ペントハウス』、『ウーマンズデイ』など何百もの雑誌や新聞が私のことを取りあげている。ここ何年かの全米ネットワークのテレビ番組で私を見た人もいるかもしれない。メディアが私を紹介するときにはギネスブックに認定されているように、決まって「世界一の営業マン」と呼ぶ。

では、自動車を売りはじめた一九六三年以降、私の成績はどうだったか。一年目に売ったのはたった二六七台だった。たった！　その頃からもう暮らしていくのに十分な以上に稼いでいた。

その最初の年、私は店一番の成績を挙げたと思う。四年目の一九六六年には、六一四台の乗用車とトラックを販売した。この年に「世界ナンバーワンの乗用車・トラック小売の営業マン」になった。そして、それから毎年「乗用車とトラックの小売のナンバーワン・営業マン」であり続け、毎年、一割以上、年によっては二割も成績を上げていった。

景気後退、レイオフ、長期ストライキのあった年でも、それは続いた。むしろ景気が悪いときほど頭を働かせ、成績を上げた。デトロイト周辺の自動車ディーラーが週六日勤務から週五日勤務に変わったときもトップの座を譲らなかった。

一九七六年は私にとって最高の年で、コミッションによる総所得は三〇万ドルを超えた。この数字を上回る人はそうそういなかった。いたとすれば、どこかの国の閣僚を三年かけて買収して旅客機やミサイルを売り込んだ連中くらいだろう。しかし、あなたや私が興味あるのはそういう商売ではない。

われわれはスキルやツールや経験や実践を駆使して仕事をする職業のことを話しているのだ。この仕事にどんなに熟達しても、悩みの種や苛立ちが尽きることはない。しかし、うまくいったときの経済的、精神的な満足は、世界中のどんな仕事よりも大きい。私がこれまでやってきたのも、勝って勝って勝ち続けることによって得られる収入や快感や満足が大好きだからだ。

あなたもそこそこ成功しているかも知れない。マイホームや別荘、クルーザー、それにマイカーも二、三台持っているかも知れない。それでもここまで読んだら、もっと上があると思いはじめたのではないだろうか。

その通りなのだ。優秀な営業マンにふさわしいプライドや満足はまだまだある。むしろ、成功すればするほど望みは高くなるはずだ。今のままで満足しているあなたはまだベストを尽くしていない。だから、このまま読み続けてほしい。

私流のトータルな販売システムは、一年中いつも何かが育っている農園のようなものだ。私のシステムでは、種まきに似たことをたくさん行う。常に種をまき、常に収穫する。そして一台販売（収穫）したら、また別の種をまく。ひたすら種をまき、収穫する。これをどの季節も続ける。これ以上の方法はない。私が保証しよう。

しかし、自分はどうやっても売れないし、決して勝つことのできないダメ人間だ、とあなたは言うかも知れない。それなら、私があなたの上を行くダメ人間だった話をしよう。

人生の最初の三五年間、私は世界一の落ちこぼれだった。

高校は退学させられ、その後も四〇余りの仕事を辞めさせられた。軍隊は九七日しかもたなかった。悪党にもなりきれなかった。悪事は二度働いたことがある。一度目は、少年拘置所で恐怖の一夜を過ごすことになった。二度目は、証拠不十分で不起訴になった。

そして、ようやく仕事に就いてわずかだが安定した収入も得ていたときに、初めて手を広げようとして破産に追い込まれた。それまで見たこともない多額の借金を抱えた。私に本当のことを言う義理などさらさらない相手を信用してしまったからだ。

そこから今の地位にどうやってたどり着いたかというのが、本書の内容だ。

この本を書いたのは、立派な肩書きや学歴をもった傍観者ではない。毎日、最前線で物を売ってきた本当の営業マンだ。

私は全国を回り、他の営業マンに話をするようなときも、売り込みをしていることを忘れはしない。それは、私が教えることができるのは、これまでやってきた経験があるからだと、営業マンたちを納得させなければならないからだ。

世界一の営業マンになるまでのサクセスストーリーは、私の大きな誇りである。しかし、最大の誇りは、現役の営業マンが私に会い、私の話を聞いたことによって人生が変わり、成功し、幸せで儲かる営業マンになった、という手紙を受けとることだ。

営業とは「戦い」である

真の営業マンにとって、売ること以上に素晴らしいことはない。それは、打者にとってのホームラン、ランニングバックにとってのタッチダウン、司令官にとっての戦勝である。

しかし、営業マンが物を売ったとき、そこに敗者は存在しない。売買がうまくいけば、買い手も売り手も勝者なのだ。買ってもらうまでの駆け引きはゲームや戦争に似ているが、誰も血を流さなければ、勝者も敗者もない。そんな素晴らしいことが他にあるだろうか。

しかし、その勝利に至る過程は、最初に見込み客に会うずっと前から始まるべきものだ。そして、客が注文書にサインし、支払いを済ませ、買い上げ品とともに去ったずっと後まで続く。

もし自動車業界で言うように、「顧客のテールライトを見送ったとき」に営業が終わる、と思っているとしたら、あなたは想像もつかないほどのチャンスを逸することになるだろう。だが、**もし営業が「終わりのない継続的プロセス」であることを理解できたら、あなたは一流の営業マンになれる。**

私流の営業法則が軌道に乗り、フル回転し始めた頃から、もう飛び込みでショールームにやってくる人を顧客にする必要はなくなった。店を訪れる新客は取らなかった。当時の私の顧客は、私を指名してくる人だけだった。一人残らずである。そして車を買ってくれた一〇人のうちおよそ六人は、前にも一度は買ってくれたことのある人だった。

人はだいたい三、四年ごとに車を買い替えるが、私の販売相手のほとんどは中流階級や労働者階級で、買い替えの間隔はさらに長い。もっと頻繁に買う洋服や酒などの商品を扱っているなら、なおさら顧客が繰り返し戻ってきてくれることが重要だ。

自動車の場合、それはもっと難しい。だから私がどうやって顧客を自分のところに呼び戻し、また車を買ってもらうことができたかがわかれば、顧客を呼び戻すことがもっと肝心な商品やサービスを扱っている人は、もっと売上げを伸ばすことができるはずだ。

私の考えた営業法則は、よく理解して従えば、必ず効果がある。私はかつてとは異なる見方で販売のシチュエーションや顧客を見るようになった。つまり、仕事のさまざまな面に関する自分の姿勢を変えたのだ。

姿勢が大事だと説く人はたくさんいる。自分が本の中で打ち出したキャッチフレーズやキーワードに沿って意識を改めれば、すべてうまくいくはずだと。真面目にそう考えているのだろうが、彼らは年中人に会って物を売っているわけでもないだろう。

考えてみて欲しい。われわれは現実社会に生きている。

ここは実に厳しい社会だ。扱っているものが何であろうと、おそらく全く同じようなものを売っている人が他にいる。おそらく、ではない。事実、存在する。厳しい競争社会なのだ。

　まず私が売ろうとしている顧客には、全く同じ車を売ろうとしている何千人ものシボレーの営業マンがいる。それだけでなく、家具、住宅、プール、クルーザー、旅行、教育、預金口座などありとあらゆるものの何十万といる営業マンが同じ顧客の財布を狙っている。

　そしてようやく捕まえた客は、営業マンを何とかやり込めようとする。それは客が悪い人だからではなく、自分がそうされると思っているからだ。

　われわれが選んだのは本当に厳しい職業だ。しかし、ルールも基準も原則もある職業として取り組めば、経済的にも精神的にも満足を得られる仕事なのだ。

　最初に知っておくべきことは、もしまだ知らなければの話だが、ここは必ずしも住みよい世界ではないということだ。競争は厳しいゲームだが、人はだれでも、欲しいものを手に入れるためにあらゆる人と競ってきた。

　しかしだからといって、ずるをしたり、盗みを働いたりしなければ生き残れないと言っているのではない。私にしばらくつき合えば、それが本当だということがわかるだろう。

正しいやり方で、私流のやり方で物を売れば、相手の態度が変わり、最後には相手から金と友情を得られることがわかるはずだ。

　逆に、もし相手から金と友情の両方を得られなければ、あなたのビジネスはそう長くは続かない。

誤解しないでほしいが、私が友情と称しているのは、「隣人を愛せよ」のような殊勝な考えではない。隣人とどういう関係になろうとそれはあなたの勝手だ。

しかし、「二五〇の法則」の章を読めば、私の言う友情の意味がよく理解できるはずだ。その第4章では顧客が営業マンに対して取る態度や、真実を語ることの大切さ、そして**ある種の嘘の効用**について取り上げている。どんな人を相手にしているのか、相手が何を聞きたがっているのかがわからなければ、いずれ間違いなく壁にぶち当たる。

しかし、顧客の姿勢について触れる前に、自分自身の姿勢について考えなければならない。

前にも言ったが、私は三五歳まで完璧な落ちこぼれだった。これからその話をすると、きっと私を哀れに思うことだろう。私が自分を哀れんだように。

だが、ここではっきりと言っておこう。**自分を哀れむところに落とし穴がある**。それは自分に負け犬のレッテルを貼るようなものだ。人生の戦い、営業の戦いで勝つために必要なすべてが崩れる。これについても後で話そう。

そして私がどのように敗者から大勝利者になり、記録にあるように世界一の営業マンになれたのかを教えよう。どうやって自分の力だけで成し遂げることができたのか、それも語って聞かせよう。あなたが普段やっていることのどこがいけないのか、どこを改善すれば成功者になれるのかがわかるようになるはずだ。

勝利を招く姿勢

私は本気だ。あなたは自分で、自分自身の成功のために、姿勢を改めなければならない。誰かに代わりにやってもらうことはできない。しかし、私がこれまでの人生でやってきたことや、なぜそうしたかを明らかにすれば、それを参考に、自分自身や自分の生活を見つめ、弱みを強みに、負債を資産に、失敗を成功に、敗北を勝利に転じる方法を学んでもらえると信じている。

本書では、私が最初に持っていた間違った姿勢から、それを正しい方向に導いた人生の一大転機まで、私の姿勢がどう変わってきたかを述べようと思う。一大転機といっても、神のお告げのような神秘的な出来事があったわけでは決してない。私の人生の転機はもっと別の、もっと理解しやすいきっかけでやってきた。それは追々わかるだろう。

私がやってきたことは決して楽なことではなかったが、それでもやってきた。そして、私がどんな過去から出発したかを思えば、私にできたことは、落ちこぼれでいることがもう耐えられない人なら誰でもできるはずだ。それも保証する。

しかし、まず初めに自分なりの正しい姿勢を作りあげなくてはならない。それができれば、私流の営業法則のその先のルールや内容が理解でき、それらをきちんと実行していけば成果が得られることがわかってくる。

「二五〇の法則」を知れば、なぜこの法則を使い続けるべきかがはっきりするだろう。時間の使い方について述べている箇所では、当たり前のことだが、時間の価値や、時間を無駄にすることで損をしていることがわかるだろう。

それだけでなく、自分自身や、自分の能力に対して現実的な目を持つことの大切さ、さらには長期的・短期的に自分のために何をすべきかがわかるだろう。

私の過去について話す場面では、もちろん自分が実際にどのように車を売ってきたかを明らかにする。私がやったことを他の業界の営業マンならどうやるのか関連づけながら説明する。その中の多くは当たり前のことで、だれでも気がつくことだと思う。

私が、顧客に試乗させることが何より大事だ、と言えば、もうわかると思うが、住宅販売ならモデルハウスに来させることだ。スーツなら試着させること。新しいキッチンを売り込みたいなら、その場で調理をして見せるのもいい。昔の掃除機の訪問販売では、性能を示すために、床に塵や埃をまいて、掃除機で吸って見せた。クラブ・アルミニウム社(調理器具のメーカー)の営業マンは、商品ラインナップを見せるために料理を作る。マットレスの営業なら、顧客に横になってもらわなければならない。

私が自動車販売のためにしたこと、言ったことのほとんどは、他の商品の販売にも当てはめることができる。

生命保険の外交員は、自分の葬儀に遭遇したトム・ソーヤと同じ経験を顧客にさせることはできないが、妻や子供のことを話題にさせることはできる。うまくやれば家族の写真を持ってきてもらい、話をする間ずっとテーブルの上に置いておくよう仕向けることもできるかもしれない。

顧客に自分がいつまでも家族のために生きていられるわけではないことを実感させるのにこんなよい方法はない。たったそれだけのことでいいのだ。これが言ってみれば試乗のようなものなのだ。

ではこれから、私が敗者から勝者に生まれ変わる方法を発見した過程を、順を追ってたどってみよう。

私がどのように揺るぎない勝者の姿勢を築き、その姿勢によって自分流のシステムを作りあげることができたかを見せよう。

これだけは忘れないでほしい。私はその姿勢とシステムのおかげで「世界一の営業マン」になれたのだということを。

第 1 章

敗け続けた
人生の終わり。
勝ち続ける
人生の始まり

世界一の営業マンの始まり

私は生まれながらの営業マンだ、と言われたことがある。私に言わせれば、それは違う。営業マンに生まれついた人もいるだろう。むしろ、そういう人の方が多いかもしれない。しかし、私はそうではなかった。私は自分で営業マンになった。自分一人の力で。そしてあのひどい状態から出発した私がなれたのだから、誰だってなれる。このまま読みすめば、じきに納得してもらえるはずだ。

貧しい境遇に生まれる人はたくさんいるが、私の生まれの貧しさは特殊だった。今で言えば、黒人でしかも貧しいようなものかもしれない。

私は、一九二八年一一月一日、デトロイトの南東部に生まれた。当時そのあたりに住んでいたのはほとんどイタリア人だった。ただし、私に言わせればイタリア人ではなくシチリア人だ。その違いは私にとって大きい。

私はシチリア人であることを誇りに思っているが、イタリア人を含め多くの人々がわれわれを差別し、まるでわれわれ全員が何らかの犯罪組織に関わりをもって生まれたかのように見なしている。強い自尊心のせいで若いころ何度も問題を起こした。最近でさえ時々ある。

「イタ公」などと呼ばれると、すぐに手を出した。誰でも人に偏見を持つのはわかるが、自分に向けられるのは決して気持ちのいいものではない。「イタ公」呼ばわりされ、何人に鼻血を出させたかわからない。

私が覚えている最初の家は、貯炭所の向かいにある二世帯住宅の上階だった。貯炭所の向かいと聞いただけでその悲惨な生活ぶりを想像できるに違いない。けれども、一つだけ利点があった。

冬の間、生活が苦しくて家の中が凍えるほど寒くなると、兄のジムと一緒に通りを渡り、私が貯炭所のフェンスをくぐって石炭を放り、兄がそれを麻袋に入れた。それを二人で家まで引きずっていき、暖炉にくべた。それ以外に燃やすものがないときもあったから、その石炭が誰か他の人のものだろうと気にしたことはなかった。私が生まれたのはそういう世界だった。

暖炉は地下室にあった。しかし、そのことを覚えているのは別の理由からだ。

そこはいつも父が私をせっかんする場所だった。私の物心ついた頃にはすでに始まっていた。私は自分が他の小さな子と比べて特別いい子でも悪い子でもなかったと思う。だから、なぜ父が兄や二人の妹たちにはしないで、私だけにせっかんするのか、その理由がわからなかった。だが、されたのは事実だ。

たいてい父は私を連れて地下へ降り、私を縛りつけて、カミソリを研ぐのに使っていた太い革ベルトで打った。兄弟の誰かが少しでも騒いだり何かしたら、お仕置きされるのは決まって私だった。地下室へ降り、私を鞭打ちながら、父は大声で罵った。「おまえはダメなやつだ。一生ダメなままだ。刑務所行きに決まっている」。なぜ私なのかどうしてもわからなかったが、後に家を出るまでそれが続いた。

ときどき数ブロック先の川沿いにある鉄道操車場へ逃げていき、車両に潜り込んで息を潜めた。ときには貨車に敷きつめられた藁《わら》の上で寝いったこともあった。家に帰ると、また父にせっかんされ、私がどうしようもない子で、一生ろくなことがなく、いずれは「ジャックタウン」（われわれが住んでいた地区の出身者がよく送られたミシガン州ジャクソンの州刑務所をそう呼んでいた）行きだ、と言われた。

一つ教えてあげよう。父親がボスである家庭で育ち、物心ついた頃からおまえはダメだと言われ続け、そう言われながら激しくせっかんされたら、自分でもそうだと思うようになる。何と言っても彼はたった一人の父親であり、自分が知っている唯一の権威者なのだから、間違っているはずはない。そのうち私は父の言葉を信じるようになった。

母は後で地下室へ降りてきて、おまえは本当はいい子なのよ、と言ってくれた。それは少しは救いになったと思うが、母は父のようなボスではなかったから、いくら母のことが大好きでも、私は自分はダメな子供で、一生価値のない人間だと信じた。

私の何が気に食わないで父は私に手を出し、あんな風に辛く当たったのか、いつも考えていた。父は若い時シチリアから移住してきたが、無学でほとんど字も読めず、貧しかった。父自身も暴君だった祖父に罵られせっかんされていた。父は二五歳で母と結婚した。母はその時まだ一五歳で、彼女の母親は父との結婚を快く思っていなかった。その頃何があったのか誰も教えてくれなかったが、父と母方の祖母との間に確執が生まれ、父が死ぬまでなくならなかった。

父は、母を含めて家族全員に祖母と接することを禁じた。それは二世帯住宅で祖母と同居している間も変わらなかった。母はよく密かに地下室へ降りては、壁越しに祖母と話していた。私も祖母に会いに行った。祖母とは大の仲良しだった。きっと父から同じように思われていたからだろう。父に敵とこっそり会っていることが見つかると、また暴力とどなり声と悪態が始まった。

これは物を売ることとどういう関係があるのかと疑問に感じている読者もいるかもしれない。これは姿勢がどんなふうにして植えつけられるのかに深く関係しているのだ。私に植えつけられたのは、自分がダメな子供で、この先もろくなことはないということだった。私はこれを鵜呑みにし、父が正しいことを証明しようとした。どうのこうの言っても、父親は尊敬し、従うのが当然だ。

しかし、その同じ暴力や悪態によって別の姿勢も植えつけられていた。それは、父に対する抑え難い怒りと、父が間違っていることを証明してやりたいという欲望だ。それが証明できれば、兄や妹たちと同じように自分も愛してもらえるのではないか。ある時は一方の姿勢が現れ、またある時は別の姿勢が現れた。そして、二つの姿勢が互いを打ち消しあうときもあった。

父はまともに仕事に就いたことはなかった。大恐慌の時代に手に何の職もないデトロイトのシチリア人に仕事があるはずがなかった。彼はたいてい、解雇されるか、雇用促進局の世話になっていた。家族はいつもと言っていいほど生活保護を受けていた。

私が唯一思い出せる幸せな時はクリスマスで、地元の慈善団体が、寄付によって集めたおもちゃを箱に詰めて届けてくれた。おもちゃのほとんどは中古品や修理したものだったが、本当にわくわくした。もっとうれしかったのは、クーポンが配られ、それを町へ持っていくと新しい靴と交換してもらえたことだった。その頃の私にとってそれは大変なことだった。

八歳の頃、私は働き始めた。家から数ブロック離れたところには工場がたくさんあった。川のそばにはUSラバー社のタイヤ工場があり、他に大きなストーブ工場や家具製作所などもあった。工場近くのイーストジェファーソン通りは労働者向けの飲み屋街だった。

私は靴磨き台を作り、ブラシやクリームを手に入れ（その金をどう工面したのかは覚えていないが）、飲み屋に入っては靴を磨いて回った。読者の中にも苦労して稼いできた人はいるだろうが、薄汚い酒場で床にしゃがみ、靴を磨いてわずか数セントを稼ぐのは、負けず劣らず厳しい仕事だ。

学校が終わった午後、工場から人が出てき始める頃に私は仕事を始めた。ジェファーソン通りおよそ一キロ半にわたる飲み屋を一軒一軒回り、一巡したらまた最初の店から始めた。一日に同じ店に二回以上入っただろう。

靴磨き代は、もらえれば五セント。一セントか二セント余分にチップとしてもらえることもあったが、一通り磨いても二セントしかもらえないこともあった。

しばらくして、私はブラシを空中に投げたり、手を交互に使ったりする技を考え出し披露するようになった。私を知る人が徐々に増え、チップも増えた。一九三〇年代当時は、一セントでキャンディーがたくさん買えたし、五セントあればアイスクリームのダブルサイズや牛乳を一リットル買うことができた。

同じ飲み屋に二巡か三巡して戻ってくると、その間に三、四杯空けた同じ客たちに会う。数時間のうちに人がアルコールでどんな風に変わってしまうのかがわかった。人あたりがよくなったり気前がよくなったりすることもあるが、たいていは嫌味な人間になった。

彼らは一日中辛い仕事をしていたのだし、仕事を失う恐怖も抱えていたに違いない。当時は働き口よりも働き手が多かった。多すぎた。彼らはそこに立ちよって一息つき、うっぷんを晴らしてようやく貧しい惨めな家に帰っていくのだった。

飲み屋を回るのはかなり気の滅入る仕事だった。しかし、毎晩一〇時か一一時まで働き、一ドルほどか時にはそれ以上稼いで帰った。その全額を家に入れた。それ以外に家に収入がない時もあった。

工場の閉鎖などの理由で私の仕事が減り、数セントしか持ち帰れないと、父は私を罵り暴力を振るった。そんな夜は家に帰るのが怖かった。この頃から仕事がうまくいかないと恐怖を感じるようになり、もっと遅くまで少しでも多く靴を磨きたいと思っていた。

惨めな子供時代だったが、忘れようとは決して思わない。だから膝をついて靴磨きをしている九歳の頃の写真を拡大して今でも持っている。仕事部屋の壁に飾り、自分の出発点を忘れないようにしている。忌々しい記憶だが、誇りでもあるのだ。

初めてのセールス体験

男たちの間を回り文字通り頭を下げて靴磨きをさせてもらうのも、言ってみれば一種の営業体験だったかもしれない。ブラシなどを使ったちょっとした芸も、売り込みのテクニックだった。

だが、私が営業の一側面を本当に学んだのは、新聞配達を始めてからだった。毎朝六時頃に起き、配達用にガレージに届けられた『デトロイトフリープレス』の束をまず取りに行く。それを折りたたんで大きな袋に入れ、自分のルートを回り、それから学校へ行き、放課後、靴磨きを少しした。

しかし、営業について本当に学んだのは、新聞社が新規購読者獲得のコンテストを行ったときだ。新しく獲得した客が一カ月以上購読を続けたら、ペプシコーラが一ケースもらえるのだ。それはもう私にとってものすごく魅力的な話だった。ソフトドリンク三五〇㎖ボトル二四本入りケース、といったらすごいご褒美だ。

よくインセンティブやモチベーションが大事だと言うが、まさしくそうだった。私は通りという通りの家という家、アパートというアパートを訪ねて回った。呼び鈴をたくさん押しすぎて指が腫れたほどだ。

そのコンテストの間、学校も一日二日休んだように思う。だが、私は粘り強かった。私は「今、コンテストの最中なんです。一週間で結構ですから契約していただけませんか」と言った。一カ月以上続かないと賞品はもらえなかったが、一度契約したらほとんどの人が購読し続けるだろうと考えた。そして、断られてもくじけず、諦めないでまた呼び鈴を押した。

断られるのはいい気分ではない。しかし、まもなく私は声を掛ける数が多いほどたくさんの契約が取れることに気づいた。それは気分がよかったし、もっといいこともあった。家の裏にあったガレージにペプシのケースが並ぶようになり、それを近所にいくらかで売ることができたのだ。

そのおかげで家に入れる金が増え、私にも価値があることを父に証明できるのではないかと思った。が、それでもまだ足りなかった。

靴磨きと新聞配達を五年ほど続け、学校へもたいてい行っていたが、成績は芳しくなかった。私は学問には向いていなかったが、それでも少しは身につけ、それほどひどい成績というわけでもなかった。

しかし、父との関係は一向に改善されなかった。二〇回以上は家から放り出されたと思う。そういうときはあの貨車に潜りこんで眠ったり、町はずれの安宿に泊まることもあった。

その一帯は町の中でも特に荒れた地区で、安ホテルや下宿、売春宿、ポルノ映画館などがあった。一泊が一〇セントから二五セントほどで、部屋を借りるのではなく、相部屋のベッドを借りる。同じ部屋には大勢の酔っぱらいが、酔いつぶれて寝ているか、わめいたり暴れたりしていた。

しばらくすると父が捜しに来て連れかえり、ちゃんとしろ、と言った。多分、母に言われて来たのだと思う。私は家に戻り、しばらくは学校へも通い、近所の不良たちと付き合っては、また家を追い出された。

一六歳のとき、近所の二人の不良仲間と街をうろついていた。二人は「これからメルドラムとラファイエットの通りの角にある飲み屋で一仕事する。もう下見は済んでいる。酒はあるし、もしかしたら金も置いているかもしれない。おまえも一緒に来るか」と聞いた。そこは前に靴磨きをしたことのある飲み屋だったから、よく知っていた。それまでそんなことをしたことはなかったが、その時は店を知っていたからかどうかわからないが、一緒に行くことにした。

私はそれまでも大した人間ではなかったが、泥棒をしたことはなかった。それが初めてだった。なぜ一緒に行こうと思ったのかわからないが、そういうことになってしまったのだ。

二人が飲み屋を下見したとき、一人がトイレに行って窓を開けておいた。当時はそういうことができた。今なら窓格子があるか、警報装置があって窓がロックされていなければ警備員に気づかれる。しかし、当時はわれわれの住む危ない貧しいエリアでもそんなものはなかった。

その夜一〇時頃にウィッティアーホテルの駐車場に忍びこんだ。そのホテルは川沿いにあり、かつては高級なアパートメントホテルだった。そこで車を一台盗んだ。確かスチュードベーカーだった。今でも駐車場の管理人が「こら、戻らんか！」と叫んだ声を覚えている。われわれ三人はその場を急いで離れ、近くの脇道に車を隠しておいた。

デトロイトの飲み屋は午前二時に閉まるため、閉店時間を過ぎて店員が掃除して帰るまで待った。店に忍びこんだのは三時半頃になってからだった。車を飲み屋の裏通りにつけた。通りや周辺に人影は全くなかった。あたりは完全に静まりかえっていた。

私は事が起きている間、ほとんど恐怖を感じることもなかった。実際、そこに着いてみると、全然怖くなくなっていた。

一人が窓から入って勝手口の鍵を開けた。後は、酒の入ったケースを車に積めるだけ詰めこむだけだった。それは第二次大戦中、たぶん一九四四年の五月頃だったと思う。酒がなかなか手に入らないときだった。ミシガン州ではしばらくの間、配給制になったこともあった。

ともかく車を酒で一杯にし、レジを空っぽにすると、その場を離れ、酒を隠して金を分けた。レジには一七五ドルあったから、私の取り分は六〇ドル近くあった。それと、盗んだ酒を一本一ドルで他のごろつきたちに売った金だった。

私にとっては、楽をして手に入れた大金だった。すべてがうまくいきすぎて、それ以上そのことを思い出すこともなかった。

当時のことを思い出すと不思議に思うことがある。なぜ一度きりでやめてしまったのだろう。別に怖いと思わなかったし、実入りはよかったし、他に狙えそうな場所はいくらでもありそうだった。

なのに、私はやらなかった。たぶん父に仕事を見つけろとうるさく言われ、実際にある工場の仕事に就いたからだろう。働かずにいたら父にどうされるかわからないという恐怖心の方が勝っていたのかもしれない。

いずれにしろ私はその一件をすっかり忘れてしまった。少なくとも忘れようとしていたが、ある日、家でベッドに横になっていると、騒ぎ声が聞こえてきた。母が泣いていて、私には何が起こっているのかわからなかった。飲み屋の一件に関係があるとは思いもよらなかった。あれからもう三カ月も経ち、連中とはあれ以来つき合いもなかったし、誰もそのことに触れることはなかったからだ。

突然、男が部屋に入ってきて私をゆすり「起きろ!」と言った。目を開けると、目の前にバッジが突きつけられ、警官が「服を着ろ」と言う。気づいたときには警察にいて、この警官とその他大勢の警官に飲み屋の窃盗事件や、私には何のことだかわからない他の酒場や食料品店の事件について質問された。

しかし、私が関わった事件についてはもう足がついていた。仲間の一人が捕まり、関わった事件を残さず白状させられ、その中にあの飲み屋の一件もあり、私の名前が出てきたというわけだった。

私は少年拘置所に入れられた。そこは私が行ったことのある最低の場所だった。大部屋に簡易ベッドと少年らが詰めこまれ、威張った男が鞭を持ってやってきて、一人の少年をかがませ、鞭で打ち始めた。

それは安宿で過ごした夜よりもひどかった。あの時は真夜中に電気がつけられ、その夜の間に死んだアルコール依存者の死体が引きずり出されたのだった。私はいろんなひどい場所で夜を過ごしてきたが、それが人生最悪の夜だった。

翌朝、私は連れ出され、盗みに入った飲み屋の主人に会わせられた。彼は私のことを覚えていて、なぜあんなことをしたのかと尋ねた。私は、わからない、と答え、でも盗んだ分の金は返す、と言った。彼は納得し告訴しなかったため、私はあそこから出ることができた。あそこから出られるなら、何でもしたに違いない。

父とおじが私を迎えに来た。父は建物の外に出るとすぐに私を殴った。車の中でも、家に着いてからも。一家の名を汚したと繰り返し罵った。この時は本当に自業自得だと思った。私は父に言われ続けていたことを実証してしまったのだ。ろくでなしのコソ泥で、警察にも捕まったのだから。

しかしそれだけでなく、私は心底恐怖を知った。少年拘置所で過ごしたあの一夜。どんなことがあっても、あれを繰り返すような真似はしない。私が付き合っていた仲間のように刑務所に行くようなことは金輪際しないと心に決めていた。

そこで私は近くのストーブ工場で働き始めた。シチリア人が大勢働いていた。私の仕事はストーブのパネルに断熱材を吹きつけることだったが、それが服や皮膚や鼻などあらゆるところに入り込んでひどいものだった。そして仕事はきつく、スピードも要求された。ある日、タバコを吸っているところを見つかり、それが二度目の違反だったためクビになった。まるで、ほうきでゴミを掃き出すように、簡単に追い出された。確かに自分がゴミのように感じることがよくあった。

その頃、四〇回ほど仕事を変えたと記憶しているが、実際はきちんと数えたことがない。印刷会社でトラックの運転手をやったが、配達に時間がかかりすぎてクビになった。クライスラー社で「インペリアル」の肘掛けを作っていたこともある。それは悪くなかった。ハドソンモーターカーの組立ラインでも働いたが、そこは最悪の仕事場だった。機械に縛りつけられ、機械のスピードに人間が合わせなければならなかった。

電気メッキの工場で働いたこともあったが、ホットアシッドや溶解金属の桶がそこら中にあり、その蒸気が肺に入った。それ以来ぜんそく持ちになった。

しばらくスタットラーホテルのウェイター見習いもやっていた。シェラトンホテルになる前のブックキャディラックホテルのベルボーイだったこともある。例の制服を着て、看板を持って客を呼び出す仕事もした。

ある日、電報の束を宿泊客に届けずに捨てたことがあった。私がいない間に起こったことだと言いのがれようとしたが、電報に受領時間がスタンプされていたのを私は知らなかった。もちろんクビになった。そういう決め事を知っていれば、もっとうまくやれたはずだし、シェラトンの副社長にだってなれたかもしれない、と思うこともある。だが、当時はほとんど物を知らなかったのだ。

学校へは行ったり行かなかったりだったが、ある時、通っていたイースタン高校の自習室の監督とけんかをして、退学させられた。彼は何かにつけ私に小言を言っていた。私が何をしたというわけではない。したとしても、だれでもするようなことだけだ。

それがいつの間にか「おまえらは」と始まり、「おまえらはもっとわきまえるべきだ」だのと言いだした。私は「おまえら」と呼ばれる筋合いはないと言い返した。

私には、「おまえら」が何を指しているのかわかっていた。彼は、イタリア人のことを言っていたのだ。その先に陰険なことを口にしたので、私は彼に手を出した。学校はそれが最後だった。

思い返せば、仕事を辞めることになったのも、ほとんどは「イタ公」呼ばわりした相手とのけんかが原因だった。当時の私はわざと問題を起こそうと思っていたのかもしれない。落ちこぼれを演じ続けて、私をろくでなしだと言った父が正しかったことを証明したかったのかもしれない。

惨めな職を転々とした後、私は陸軍に入隊した。一九四七年の初めだった。しかし、基礎訓練の最中にトラックから転落し、背中を強打して除隊させられた。だが、それもすんなりとはいかなかった。

私は軍隊が大嫌いだった。ほとんど刑務所にいるのと同じだった。それなのに、すぐには追い出されずに、しばらく兵舎での仕事を与えられた。

ある日、会ったこともない軍曹に、除隊の際に払われる報酬を自分にくれれば、除隊できるように計らってやってもいい、と持ちかけられた。しばらくは、それがおとりか何かで、賄賂を払わせて私を捕まえようとしているのだと思っていた。彼はしつこかったが、私は無視し続けた。

ようやく私の一件が落ち着いて除隊できることになったとき、彼がやってきて約束の金をよこせと言った。私は金を渡し、名誉除隊として家に帰った。彼が関与していたのかどうかわからないが、そこを出られるだけで嬉しかったから、わずかな報酬を失っても惜しくなかった。

家に戻ると母は歓迎してくれたが、父はまた私が怠け者だと言って罵った。軍隊さえもおまえを見限ったのだと。「おまえはダメ人間で、一生ダメなままだ」と言った。そして、「おまえが生まれたときに首を絞めて殺せばよかった」と言った。

私はこの日のことを決して忘れることはない。私は涙を流し、父がいつまでも叫び罵る声を背に、母の涙を横目に見ながら、家を出た。ある時は働き、ある時はぶらぶらしながらも、父のどなり声と罵声を思い出しては苦しんだ。

楽に儲ける苦しみ

その後一九四八年に、自分の愚かさのためにまた法を犯してしまった。

私は知り合いの一人と一緒に帽子のクリーニングと型直しと靴磨きの店を近所に開いた。店の奥にはブラックジャックやダイスゲームをやる部屋を設けた。法に触れないようなシステムをうまく作ったつもりだった。一人が店頭で見張りをし、警官らしき人が来たら、壁に通した釘で合図することになっていた。奥の部屋にいる方は、サイコロを飲みこむか逃げて証拠隠滅するのだ。

ある日、私が店番をしていると、バーバー中学時代の同級生がやって来た。昔の話に花が咲き、彼は今は建設業界で働いていると言った。そして、奥へ行かせてくれと言うので中へ通した。すると私のパートナーが彼を見て警官だと気づき、サイコロを持って裏から逃げだした。

われわれの住む地区から警察官になる人がいるとは思ってもみなかった。誰かを警官だと疑うことさえ侮辱的なことだった。現にシチリアでは、人を警官と呼ぶことは悪口になる。しかし、その男は警官だった。

私のパートナーはギャンブルの証拠を残さず、仲良くトランプをしているだけのように振る舞ったが、徘徊禁止令違反でそこにいた全員が処罰の対象となった。

このようなたまり場の決まりでは、客が捕まったときは経営者が罰金を立てかえることになっていた。こうして、われわれの事業も支払わねばならない違反切符の束とともに終わった。

これが博打小屋オーナーとしての私の最後だった。だが、それでよかったのだ。というのも、われわれは手入れされるまでに結構ボロ儲けをしていた。そのため、それまでの人生で稼いだ金のほとんどはあくせく働かなければ得られなかったのに、私はしばらくの間、楽に稼げる金があるのだと、本気で信じ込んでいたのだ。

その後は、また惨めな仕事とけんかとクビと、仲間との玉突き遊びの繰り返しだった。その頃、誰か一人でも私をまともに扱ってくれていたら、仕事を辞めずに真面目にやっていたかもしれないと思うことがある。

しかし、私をまともに扱ってくれる人がいなかったのは、自分が本当にろくでもない人間だと信じ、それを証明しようと悪ぶっていたからだと思う。本当に腐ったやつを演じれば、父は自分の正しさが証明されることになり、そうしたら私を愛してくれるのではないかと思っていた。

　おかしな考えだということはわかっているが、人はそういう行動に出るものだ。男が女に好かれようとして、いじめることがある。殺してしまうことさえある。狂っているかもしれないが、世の中にまともに相手にされない怒りを抱えている人はそうしてしまうのだろう。

希望。そして絶望

　そのうちにやっと一人の男が私に手を差しのべてくれ、私の人生が少し変わり始めた。その人はエイブ・サパースティーンと言い、こぢんまりと住宅建築業を営んでいた。あちこちの空き地を買いあげ、人を雇ってその土地に小さな安い家を建てさせていた。一軒ずつ建てたので、一年でせいぜい六軒ほどだったろう。レビットタウンのような大型住宅団地を開発するつもりなどなく、本当の零細運営だった。

　私は一般作業員として雇われた。私ができるのはそれだけだった。トラックを運転し、セメントを混ぜ、建築資材を運び、レンガを積み、家に関わるあらゆる仕事をした。

　その頃サパースティーンは、一軒を九〇〇〇ドルで建て、それをだいたい一万二〇〇〇ドルで売っていた。戸数が少ないため、販売に関わることも自分でしたので、人にコミッションを払うことはなかった。必要な作業と言えば、銀行からローンを取りつけることくらいだった。安い家が求められており、金さえ工面できれば皆、買いたがった。

あまりに小規模経営だったため、仕事を実地で一通り見ることができ、また自分たちではできないどんな仕事を誰に外注していたのかもわかった。

私はサパースティーンのところで働き始めた頃に結婚し、最初の子を迎えようとしていた。そのことと、サパースティーンがよくしてくれ、ビジネスを覚えさせてくれたおかげで、そこを辞めないで済んでいた。私にとっては、一年以上続いた初めての仕事だったと思う。大きな仕事ではなかったが、おかげで生計を立て、妻と息子のジョーイ、娘のグレースを養うことができた。

サパースティーンは引退と同時に、私に事業を任せた。と言っても、そんな大げさなことではなく、古びたトラックと道具、小さなセメントミキサーがあるだけだった。しかし、その品々とそれまでの経験を駆使すれば、自分でやっていけるまでになっていた。

デトロイトの景気は他の地域以上に変動が激しかった。それでも景気のいい年にはあちこちに一軒ずつ建てても十分経営が成り立ち、普通の仕事よりもいくらか多く儲けることができた。

しばらくの間はうまくいっていた。しかし、それは小さな規模でやっている限りのことだった。隣り合った二つの土地を手に入れれば、同時に基礎を掘り、二戸分の作業を同時に進められるだけの材料と人手を手配すればよいので、コストを節約できる。それだけのことでも、今までの事業規模を拡大することだった。しかし、拡大した方が得することは誰が見ても明らかだ。だから、私は事業を拡大することにした。

サパースティーンは実直な人だった。私を息子のようにかわいがり、私も彼を慕っていた。いろいろなことを教わり、トラックの運転手から現場監督になり、経営者になれた。けれども、教わらなかったことがあった。それは信用していい相手といけない相手の区別だった。

だから私が自分一人でやることになったとき、書面にするまで人を信用してはいけないことを知らなかった。私は一カ所に何軒も建てられるようなまとまった土地を探していた。それができれば下請の費用や資材費が安くなる。そしていよいよ、デトロイト北東部の郊外に大きな土地が見つかった。五〇軒ほど建てられる場所で、一度に四軒ずつ建てれば、それまでのやり方以上にコストを下げることができる。

その土地が私が買えるほどの値段だったのは、全く開発されていなかったからだ。つまり下水が通っていないという意味だ。デトロイト周辺では、浄化設備が整っていなければ家は売れない。

私は最初この契約にはあまり関心がなかった。しかし、営業マンは「下水は心配ありません。マウントクレメンズの市役所で、春にはここの下水道工事を始めるという話を聞いてきました。でも、私から聞いたとは誰にも言わないでください。この辺りの土地への投機が盛んになると困るそうなので」と言った。

すばらしい！　それは耳寄りな話だった。こうして私はその土地の所有権を非常に高利の売買契約を結んで手に入れた。しかしそれもよしとした。モデルハウスを建てて売りだせば、多額の金が入ってくるはずだからだ。それは確実だと思った。

一軒目が完成し、看板を立て、広告を打ち、待った。経費を抑えるため、自分で販売することにしていた。週末には現地へ出かけ、モデルハウスで待機した。人が家探しをするのは主に週末だ。大勢の人が見学に訪れ、気に入ったようだった。価格も手頃で、購買意欲をそそった。

けれども、誰もが同じ質問をした。「下水はありますか?」。私は自分の知っている情報、つまり数カ月後にはできることを伝えた。すると客は下水ができた頃にもう一度来ると言った。私はただ座って待っていた。その間も土地と建築資材の借金があった。建設業には短期信用はつきものだ。売れ始めたら金は返せる。しかし、一軒も売れず、短期信用は長期化していった。そのうち金を催促され始めた。借金はおよそ六万ドルだった。

私はようやく下水のことを早急に確認すべきことに気づいた。市役所へ出向き尋ねると、皆が「下水って何のことですか?」と首を傾《かし》げた。下水道工事の計画など後にも先にもないことがわかった。

実のところ、そこにはいまだに下水設備がない。このときほど自分をばかだと思ったことはなかった。こんな大事なことを確認もせずに不動産営業マンの話を鵜呑みにするとは。だが、私は彼を信用してしまった。そして、それまであらゆるトラブルを回避し、一生懸命働いた一〇年間の苦労が水の泡になった。

その結果、私は毎晩家から数ブロック離れたところに駐車し、脇道を通って自分の家にこそこそと裏門から入らなければならなくなった。銀行が私の車を差し押さえようとしていたからだ。

――――

這い上がるしかない

そんなある晩、家に帰ると、妻のジューンが食料品を買うお金が欲しいと言った。私は持っていなかった。妻は言った。

「子供たちに何を食べさせればいいの?」

子供たちに何を食べさせればいいの? そんな質問をされたらどうだろうか。そこには、住宅建築を職業とし、だまされ、遂にはすべてを失った男がいた。債権者が私を追っていた。銀行は家や車を差し押さえようとしていた。それだけでも十分悪いのに、今度は食べるものがなくなったとは。

いったいどうすればいいのか、一晩中寝ずに考えた。昔の感情がよみがえってくるのを抑えることができなかった。父に言われたように、私はダメ人間なのだ。どれほど真っ当に生きようとしても、いつの間にかその考えに戻っていた。

しかし、私には妻の質問が忘れられなかった。自分を哀れんでいる暇などなかった。私には自分以外の人、妻や子供たちに対する責任があった。むろん、私を信用して仕事をしてくれた下請けやメーカーに払うべき金にも。だが、その時は借金や破産や自動車のことなどはどうでもよかった。明日、家族を食べさせられるだけの金をどうやって稼ぐか、それだけですぐ頭が一杯になった。それしかなかった。ともかく明日一日何とかして空腹を満たしてやらなければならない。

私は子供の頃に何度も飢えを経験していた。毎日スパゲティしか食べるものがないときもあり、それもソースなしがほとんどだった。私は最低の落伍者だった。が、自分のせいで人を苦しめるわけにはいかなかった。

あの不動産営業マンを信用した自分のばかさ加減を思い返している暇はなかった。そんなことをしていたら、確認もせずにあの男を信用した私は、また父が正しくて自分がろくでなしであることを証明できると思ってやけになっていたかもしれなかった。ただ、その頃には、父が最後の数年間を過ごした小さな家を建てる資金援助もしていた。私には、家族の食料を買える堅気の仕事を見つけることしか考えられなかった。

それが自動車販売に足を踏み入れたいきさつだ。それが、世界一の営業マンになるための第一歩だった。

勝ち続けるために

先を見るには、後ろを振り返ることも大切だ。

第2章

「欲求」こそがすべての始まり

自分の望みが何であるかを知る

自動車販売を仕事にしようと思ったことは、それ以前にもあった。自動車営業マンをしている友人がいて、私の住宅建築の仕事が傾きはじめた頃、彼に私を営業マンとして雇ってくれないかと何度か頼んだことがあった。が、真面目に取りあってもらえず、おまえは営業のエの字もわかっていない、といつも軽くあしらわれていた。

ある意味では、その通りだった。私の住宅販売の経験は「経験」と呼べるほどのものではなかった。わずかばかりの家にあれほど安い値をつけて売っていたのだから、何もしなくても売れた。相手には〝良い買い物〟をしたと喜ばれた。私がしたことと言えば、モデルハウスで客を待ち、契約を取りつけ、必要書類の手続きをするくらいだ。

住宅販売より、むしろ飛び込みで靴磨きをしたりトラックの荷台で野菜を売ったりしていたときの方が、商売について多くを学んだと思う。相手が飲み屋の酔っぱらいでも道行く主婦でも、人に注目され気に入られることが、儲けるために、いや、そもそも物を買ってもらうために大事なことだった。

そういった感覚は昔からあった。靴磨きを頼まれる、チップを弾んでもらう、トウモロコシを半ダースではなく一ダース買ってもらうには、私を売り込まなければいけないことはなんとなくわかっていた。

しかし、その時の私はともかく今すぐ仕事を見つけなければいけないということしか頭になかった。自動車販売をしていた友人にはまた相手にされなかったため、私は同業の別の知人に会いに行った。シボレーのディーラー店の営業マネージャーだ。

すかさず彼は私が断られ続けた理由を説明してくれた。自動車営業マンは常々、顧客は決まった数しかいないのに営業マンが多すぎる、と感じている。ショールームに営業マンが増えれば、また自分の売上げが盗られると思っているのだ、と。

私には子供の頃からもう一つハンデがあった。

それは、八歳の頃に始まったひどいどもりだ。父から受けた暴力が原因ではないかと思う。何年間も恥ずかしい思いに苛《さいな》まれたものの、それまで就いた仕事ではさしてうまく話す必要もなかった。医者を含め、いろいろな人に相談してみたが、決まって「ゆっくり話すようにしてみなさい」と言われた。かなり努力もし、良くなったときもあったが、とにかくうまく話す必要に迫られたことがなかったのだ。だがそれは、自動車販売を始めるまでの話だ。

今回は何とかする必要があった。それからというもの、自分が本当に言いたいことに気持ちを集中させ、それをゆっくりと丁寧に話す訓練をした。三五歳になって初めて真剣に取り組んだ。こうして私はまもなく障害を克服することができた。そうしなければ食べていかれないことがわかっていたからだ。

どもりを克服したことは、私が自動車販売を始めた時に経験した最も重要な出来事の一つだった。それは、自分が何を言おうとしているのか、何を言うべきなのか、人が何を聞きたがっているのか、よく考えるようになったからだ。これは当然、物を売る仕事をしている人ならいつも考えなければならないことだ。しかし、私の場合、障害があったおかげでそれができるようになった。

どもりが治ったばかりではなかった。コミュニケーションの基本、つまり人の話をよく聞き、一語一句を慎重に選んで話すことが身についた。そして、ほとんどどもらずに、ほぼいつも言いたいことを正確に言えるようになるまで、そう長くはかからなかった。

私も自分で自動車を買ったことがあったので、車の営業マンがどういう風に仕事をするのかは知っていた。数人の営業マンが店頭で待機していて、ドアが開くと、次の順番の営業マンが接客するのだ。けれども、私はどうしてもこの仕事を逃すわけにはいかなかったので知人にこう言った。

「他の営業マンの接客時間を奪わなければやらせてもらえますか？」

彼は意味がわからないといったふうに、私を不思議そうに見た。

「私が店頭で順番待ちする以外の方法で顧客を獲得するならいいでしょう？」

彼は承諾し、私は雇われた。

とは言え、それ自体は何の意味も持っていなかった。その会社は営業マンに前払いをしていなかったし、それどころか一定の営業成績に達しなければ、デモ車も運転させてもらえなかったのだ。

私は手続きをして、営業マンになるにはなったが、どうやって顧客を見つければいいのか皆目見当がつかなかった。皆が名簿を作っているのは知っていたが、名簿がどんなもので、どうやって手に入れるものなのかは知らなかった。

私が知っている名簿といえば電話帳しかなかったので、その中の二ページを破ってみることにした。確かに立派な名簿だった。どの名前の横にも電話番号が載っている。そのとき破り取ったのは個人名電話帳の白いページだったが、その後ふと、商売をしている人はトラックを使うし、いずれにしろ日中家にいる人はめったにいないだろうと考え直し、職業別電話帳の黄色いページも二枚破りとった。

それが最初の見込み客リストだった。デトロイトの電話帳から抜きとった四ページ。大したものではなかったが、何もないよりはましだった。

その中から適当に選んで電話した相手がその日のうちに来店して車を買っていってくれた、としたらストーリーとしては上出来だろう。そう言ったところで誰も信じないことはわかっている。

生まれて初めて車を売る

そうはならなかった。私はその日のうちに最初の一台を売ったが、それは電話の相手ではなかった。実のところ、それは閉店間際にショールームを訪れた客だった。

他の連中は接客に忙しいか、帰り支度をしているところだった。客が現れたのに対応する人が誰もいない。私は一瞬回りを見渡した。他の営業マンの接客チャンスを奪わないと約束したのは覚えている。だが、約束を破るわけではない、他に誰もいないのだ。それにそのときにはもう切羽詰まって、誰かが邪魔しようものならそいつに食ってかかる勢いだった。

初めての店で初めて手にしたドル札を額に入れて飾っている人は多い。それに、この業界に入って初めて車が売れたときのことを、こと細かく覚えているものらしい。私も初めて車を売ったときのことを一つ残らず覚えていると思うだろう。もし覚えていないとしたら、この本のために作り話でもしたほうがいいのにと思うだろう。だが、そんなことはしない。正直に言うと、客の名前は覚えていない。どんな車だったかも思い出せない。

初めての営業に関して私が覚えていることは二つある。たった二つだけだ。

一つは、その男がコカコーラの販売員だったこと。きっと食料品店を連想させるから記憶に残っているのだろう。その日、食料品のことが頭を離れなかったからだ。

もう一つ覚えているのは、私がその男を初めて見たときから、車を買ってくれるまで絶対に帰さないぞ、と心に決めたことだ。

今まで、彼の顔を思い出せたことはない。理由は簡単だ。彼を見るたび、私の目には自分が彼に求めているものしか映らなかった。私が欲しかったのは、家族に食べさせるための袋一杯の食料品だった。

どんな売り込み方をしたのかも覚えていない。車のことも営業のこともほとんど何も知らなかった頃だから、商品の説明をしたはずはない。顧客の反論をどう切りかえすのかも教わったことはなかった。だが、彼がどんなに気が進まない様子を見せても、何とかまた前に進ませたことは確かだ。妻がどうのと言いだしたなら、すぐに電話をかけさせたか、彼の家まで一緒に車を走らせたかしたはずだ。

その男のことでわかっているのは、彼が私の挫折した人生を立ち直らせ、家族への義務を果たす唯一の手段だったということだけだ。彼は袋一杯の食料品であり、彼が車を買ってくれれば、家族は食べられるのだ。

欲求。私の欲求。それしか頭になかった。そしてその欲求に駆られてとった私の言動は、彼に車を買わせるに十分だった。それがすべてだと言うつもりはない。当時も今もそれは変わらない。しかし、それがほとんどだ。

強く望むこと、そして自分の望みが何であるかを知ること、それが営業マンとして成功するためのほとんどすべてだ。

嘘ではない。欲求がなければ優秀な営業マンにはなれない。何かを欲しいと強く思うこと。その欲求が強ければ強いほど、売るための努力を惜しまなくなる。

私が世界一の営業マンになれたのは、世の中には腹を空かせた家族を食べさせること以上に望むべきことなどないからではないだろうか。そうは言っても、腹を空かせた家族や、手術をしなければ生きられない病人を抱えているといった厳しい現実がないと、自動車にしろ他のものにしろ、売ることはできない、というわけではない。

何かしらの欲求は必要だ。ただ、その欲求が何であるかもわかっていなければならない。そして、求めているものが何であれ、すべての行いがそれを手に入れることにつながっているのだと自覚することが必要だ。

コカコーラの販売員と家族に持ち帰る袋一杯の食料品とが私の中で一致した途端、彼は知らなかったろうが、私は彼を〝もらった〟のだ。私はいまだかつてあの袋一杯の食料品ほど欲しいと思ったものはない。

もちろん、他にも欲しいと思うものはたくさんあった。私はそれが何なのかいつもわかっているし、どんな電話も、どの顧客に対して話すどんなひとこともその欲求を満たすことに結びつけようとしている。

まず第一に、自分の欲求をはっきり知ること。第二に、次の販売を成功させればその欲求が手に入ると認識することだ。

それは少し単純すぎる、と思うだろう。その通りだ。だが、少しばかり単純化しすぎているだけだ。私はそのおかげであの初日から営業マンになれたのだから。

私にわかっていたのは唯一、自分の欲求と、この男に車を買わせることができれば食料品が手に入る、ということだけだった。そして、その通りになった。私は彼に車を売ることに成功し、それから営業マネージャーに、家族に食料品を袋一杯買うと言って一〇ドル借りた。

あなたにもできないはずはない。

勝ち続けるために

自らの「欲求」を知ることが自分を動かす原動力になる。

第3章

売り手も買い手も
同じ人間に
すぎない

客の頭の中で起こっていることを理解する

他の地域や業界で顧客のことを何と呼んでいるかわからないが、デトロイトの自動車販売業者の間では、「ムーチ（うろつく、ねだる）」という言葉を使う。ひどい表現だ。わざわざ足を運んで金を使いに来てくれる相手に対して失礼千万だ。こういう言い方をしていると、物を買ってくれようとしている顧客に対して芳しくない姿勢を取るようになる。

こういった上で、説明しておきたいことがある。

この言葉を使うことがどれほど営業成績に悪い影響を与えようと、デトロイトの営業マンは何の理由もなくこの言葉を使っているわけではない。

営業マンが見込み客、時には既存客に対してさえ敵意を抱くには理由がある。その気持ちは私にもわかるし、あなたにもわかるだろう。しかし、私は顧客をムーチとは思わないよう、かなり努力している。頭でそう考えていると深刻な弊害をもたらしかねないからだ。

営業マンは顧客をどう見ているのか、そして顧客は本当はどういう人々なのか考えてみたい。

まず、顧客はわれわれ営業マンとは違う人種だと思いがちだが、われわれと同じような感情や欲求を持った人間だ。

私が勤めている店では、車を買いに来るほとんどの客が労働者階級で、それこそ一生懸命働いて金を稼いでいる。そのほとんどの人は、われわれに金を払えば、他の欲しい物や必要な物を諦めなければならない。別に耳新しい話でもないと思うが、私もしょっちゅう忘れてしまう。

そうなるのも、われわれの仕事では、時間は金と同じくらい貴重なのに、その時間を無駄に使わせるだけのひやかし客が毎日何人もやってくるからだ。それが問題なのだ。だから営業マンはそういう人をムーチとか、別の地域ならそれに似た言葉で呼ぶようになるのだ。

覚えておくべきことは、店に入ってくるとき、彼は少し恐れを感じているということだ（断っておくが、便宜上「彼」と言っているだけだ。私の顧客の三割は自分で車を買う女性だ。だから、本来は「彼または彼女」と言うのが正しい）。その人はおそらく本当に買うつもりで来たのだろう。

「おそらく」と言ったのは、当然だが世の中に色々な客がいるからだ。しかし、たいていの客は、本人が気づいているかどうかわからないが、そこで売っている物に興味をもっている。ただ見に来ただけでも、うまく行けば買ってもらえるくらいの興味をもっているのだ。

しかし、怖いのだ。靴に三〇ドル、スーツに一〇〇ドル、車に五〇〇〇ドルを使うことが。それが金というものだ。しかも苦労して稼いだ金だ。だから怖い。

それに営業マンのことも怖いと思っている。なぜなら、営業マンが自分を狙っていることを知っているからだ。あるいはそう思い込んでいるからだ。

われわれのほとんどはそんな人間ではない。しかし、ほとんどの客はドアから入ってきたとたんに多少のパニック状態に陥る。彼らはただ見て回りたいだけだ。ゆっくり商品を見たいのだ。営業マンに捕まる前に逃げ出したいのだ。

だが、あなたが売らなければならないものを、彼らは必要としている。そのために店に来たのだ。だから逃げださないのだ。しかし、恐れていることに変わりはない。われわれがどんな人間か、よく耳にしているからだ。それは認めるしかない。

営業マンに対する世の中の評判は決して高くない。気をつけないと金を巻き上げられるぞ、と皆口々に教えあっている。誰もがもっと安い値段や卸値で買えるところを知っている。それは自動車業界を始め、どこの世界でも非常に大きな問題だ。買いたいものを正当な値段では手に入れることができないと誰もが思い込んでいる。だから怖いのだ。

しかし、そう感じながらも彼らは店に現れる。不信感と恐怖で一杯になり、営業マンに何かされようものなら、自分の身を守るためにどんな言葉や手段も選ばない覚悟だ。なかには、解放されたいがために五ドルか一〇ドルの手付金を払い、二度と金を取り戻しに帰ってこない人もいる。これで彼らがどんな世界に一歩踏み入れた気でいるのかよくわかるだろう。

だから、われわれの多くが、私でさえ時々、顧客をムーチ呼ばわりするのだ。嘘をつき言いのがれ、われわれの貴重な時間を無駄にする変わった生き物か何かのように扱うのだ。確かにわれわれの時間は貴重だ。その基本は決して忘れてはならない。

いい営業は敗者のいない戦いをする

つまりわれわれが日常的にやっている仕事は一種の戦いなのだ。私はそう思っている。見込み客が敵としてやってくることが多いから、一種の戦いにはちがいない。彼らはだまされると思っているし、われわれは時間の無駄使いだと考えている。

これをそのまま放っておいたら大変なことになる。客は敵意を持ったままだし、営業マンもそうだ。嘘のつきあい、だましあいが続く。彼らは買うかもしれないし、買わないかもしれない。いずれにしろ双方に敵意が残ったままでは結果を快く思えるわけがない。それ以上に、疑いや反感、不信感が表に出てきたら営業がうまく行く可能性はあまりない。

ではどうするか。まだ営業の手順に深く入るつもりはない。ここではまだ、この「物を売る」という戦争における顧客と営業マンが基本的に持っている姿勢に着目したい。本当の冷やかし客（買うつもりはまったくなく見て回って楽しむだけの客は実際いる）のことは一旦忘れよう。それから、感情に任せて客にひどい態度をとる自称営業マンのことも忘れよう（誰にでも時々精神的トラブルはあるが、われわれは努めて仕事には持ちこまないようにするか、逆に営業に生かそうとしたりするものだ）。ここでは、自分を真面目でひたむきな営業マンだと思っている人のことだけを考える。

さて、改めてこのムーチたちに目を向けてみよう。まず、彼らはムーチなどではない。人間であり、一生懸命働いて収入を得、本当に何かを買いたいと思っている。誰と会うときも、それを第一の基本的な前提とするべきなのだ。

前にも言ったし、考えてみればわかることだが、彼らは営業マンを怖いと思っており、自分がこれからしようとしていることも恐れている。あなたを対戦相手だとみなしている。ということは、あなたがそう思おうと思うまいと、あなたも彼らと戦っていることになるのだ。

それがいい心構えだと言っているのではない。ただ、一般的事実なのだ。しかし、この事実はあなたがうまく対処すればだれもが得をするように変えることができるのだ。

顧客の頭の中で起こっていることを理解できれば、この戦いに勝利し、あなた自身にとっても顧客にとってもこの戦いを価値ある経験にすることができる。そうするためには、顧客が始めに持っている恐怖に打ち勝ち、勝利を手に入れる、つまり商品を売らなければならない。
営業を戦争に例えることは決して問題ではない。この戦いでの勝利とは、顧客のサイン
と支払いが済み、商品が売れた瞬間であるが、それがどちらにとっても利益があることな
のだと理解していればよいのだ。あなたはこの戦争で敵を倒し、勝利を納め、時間を有効
に使い、金を稼いだ。

しかし、敵であるムーチ、つまり怖がっていた客もまた、あなたの売り方が良ければ、
得をしたのだ。ここに来た目的の品を手に入れることができた。今や靴かスーツか自動車
の所有者だ。彼もまた勝利したのだ。そして、彼自身もそう感じられるはずだ。

これ以上素晴らしい戦いはない。皆が勝者で、敗者は一人もいない。営業はうまくやれ
ば、原因は何であれ、プロの営業マンが抱いている敵意を消し去るよい方法でもある。

私は、顧客と向き合うのはある意味でまた父と向き合うことだ、とよく考える。私は、
父に勝ちたい、そして認め愛してもらいたいとずっと思っていた。

ある意味では、私は車が売れるたびに父を負かしているのだ。それもしょっちゅうだ。
しかし客は私から車を買ってくれたのだから、私は同時に、彼つまり父を幸せにしていた
ことにもなる。

精神科医が聞いたら何と言うだろう。それでもだ。われわれは皆怒りや恐れを抱えてい

る。それを一日一回か二回、あるいは二〇回、ちゃんとした販売をすることで克服できるなら、そこに何の問題があろう。

それに、営業マンの職業人生の中で、営業がうまくいくことほど満足を与えてくれるものはない。私にとって営業がうまくいくとは、顧客が求めていた品を納得のいく値段で買って帰り、友人や親戚や同僚に、車を買うならジョー・ジラードから買え、と言ってもらえることだ。

私が日々ムーチとの戦いで目指している勝利とは、そういうものだ。別れるときはもうムーチではない。私を怖がらなくなった一人の人間だ。それはわれわれの両方が営業という戦いに勝利したからだ。

営業マンは顧客を食い物にしている、と言う人たちとあちこちで話をしてきた。そういう相手には何と言うか。私はこう答えている。

「優れた商品を納得のいく値段で売ることがなぜ食い物にすることなのか。それに、客が現金を持っていなくても（普通はそうだ）車を買えるように、ローンを組む手伝いをする。それが労働者階級を搾取することになるのか。その人に五〇〇〇ドルの自動車を所有させてあげることが。私はならないと思うし、あなたも同意見のはずだ」

だから忘れないことだ。顧客は店に入ってきたときは何だろうと、帰るときはもうムーチではない。客と友だちになれば、彼はわれわれの仕事を助けてくれる。

私の顧客の一〇人のうちおよそ六人は、戻ってきた昔の客か、どこかで私の名を聞いてきた人だ。それが私の仕事全体の六割を占めている。

自分を営業マンと呼ぶ人の中には、客に強引に迫ったり、欺いたりして買わせるような人もいるかもしれないが、自分がだまされたと思った人は二度と戻ってこない。

私のビジネスの六割は満足した顧客かその知り合いによるものだ。だからムーチなどという呼び名を頭から消し去ることだ。それが邪魔して、本当のチャンスを見つけ生かすことができなくなるだけだ。

要は、気持ちよく稼げる満足のいく方法を見つけることなのだ。仕事において、成功し利益を上げること以上に満足できるものはない。

だから、**次に顧客に会うときは、自分の感情を見つめてみる**ことだ。

相手に対して抱いている感情を整理してみる。せっかくのジョークを遮ったことを恨んでいるのだろうか。嫌いな人を連想させるのだろうか。パイプをくわえていたら？

パイプを吸う人は優柔不断だと周囲から吹き込まれても、そんな下らない話には乗らないことだ。パイプは本当の自分を隠すための小道具かもしれない。が、あなたから隠れたいという相手の欲求を克服させることがあなたの仕事だ。それが最初にすべきことだ。

恐れを感じている人には何も売れない。逃げられてしまうだけだ。ムーチに売ることはできない。あなたの彼に対する感情を悟られてしまうからだ。ムーチに買わせることはできない。買ってくれる相手は人間だ。どんな人を相手にするときも始めにそれを肝に銘じておくことだ。

あなたは顧客と自分の気持ちの両方と戦わなければならない。自分が何者か、そして顧客が何者かをよく覚えておくこと。二人が何のためにそこにいるのかを忘れてはいけない。それは双方にとって有益となる売買をするためなのだ。

勝ち続けるために

「ムーチ」に売ることはできない。買ってくれるのは同じ人間だけだ。

第4章

ジラードの二五〇の法則

一人たりとも客を失望させてはいけない

私には顧客との関係で必ず守っているルールがある。前章で、人に会うときの私の心構えについて触れた。しかし、業界のスーパースターである私には、面倒な客やルックスの気に入らない客、あるいは特に理由がなくても客を追い返す余裕があると思うかもしれない。私の売上げや収入実績を見たらそれも当然かもしれない。

しかし、そう考える営業マンは一番大事なポイントを見失っている。そのポイントとは、**自分や相手のことをどう思っても、決してその感情に振り回されてはならない**、ということだ。

われわれがやっているのはビジネスだ。われわれはプロフェッショナルでなければならない。そして、見込み客や既存客といった人々は、営業マン一人一人にとって世界で最も大事なものだ。邪魔者でも厄介者でもない。彼らのおかげでわれわれの生活は成り立っている。それをビジネスの確固たる事実として認めなければ、何をしているのかわからなくなる。しかも、私は一部の顧客や大半の顧客がそうだと言っているのではない。すべての顧客のことを言っているのだ。

私が**〝ジラードの二五〇の法則〟**と呼んでいるものを紹介しよう。

この仕事に入って間もない頃、友人の母親が亡くなったので、最後のお別れをしようと葬儀に行った。カトリックの葬儀では、故人の名前と写真の入ったミサカードが配られる。ミサカードそのものは何年も前から見ていたが、そのときまで特に気にかけたことはなかった。しかし、ある疑問が浮かんできたので、葬儀屋に尋ねてみた。

「何部刷ればいいのか、どうすればわかるんですか?」。すると彼はこう言った。「経験ですね。芳名帳を見て人数を数えていくうちに、参列者が平均二五〇人だということがわかったんです」

それからしばらくして、プロテスタントの葬儀屋が車を買ってくれた。成約後、葬式の参列者の平均人数を聞いてみた。彼は「二五〇人くらいです」と言った。さらにある日、妻と二人で結婚式に出席し、そこで披露宴会場のオーナーに会った。結婚式の平均招待客数を尋ねると、彼の答えは、「新郎側約二五〇名、新婦側約二五〇名」だった。

これで「ジラードの二五〇の法則」の意味がわかったと思うが、とにかく説明しよう。人は誰でも、結婚式や葬式に招待するくらい大事な知り合いが二五〇人いる。二五〇人もだ!

しかし、世捨て人にはそんなに友人がいるわけがない、と言われるかもしれないが、実際にはもっとたくさんの知人を持つ人が大勢いる。けれども、数字を見ると平均は二五〇人だと言うのだ。つまりこういうことだ。週に五〇人の人と会い、そのうち二人だけが私の接客に不満だったとする。たった二人でも、その二人の影響を受ける人は、一年後には、五〇〇〇人くらいにはなるだろう。

私は自動車を一四年間売ってきた。もし私が会う人すべてのうち、がっかりさせたのは週に二人だけだったとしても、これまでに七万人、つまりスタジアム一杯の人がこぞって、「ジョー・ジラードから車を買ってはいけない！」と聞かされていたことになる。

数学の天才でなくとも、「ジラードの二五〇の法則」が私の教えられる最も重要なことだと理解できるはずだ。

ちょっと考えてみればわかる。来店客があったとき、最低の気分だったあなたは、最低の接客をしたとする。客は会社に戻ると、誰かに「何かあったのか？」と聞かれる。彼は、「今、サム・グロッツに邪険にされたよ」と答える。もしくは、誰かが車を買おうとしていることを耳にし、「サム・グロッツには近づかない方がいいよ。やつはやめとけ」と教えるかもしれない。

誰が職場や工場で働く、皆に信頼されている人なのか、わかったものではない。組合の支部長があなたと会った後、支部会議に出席することになっている可能性もある。床屋や歯医者なら、仕事の一環で毎日大勢の人と話をする。別の商品の営業マンもそうだ。

普通の人が一生の間にたびたび会う人が二五〇人なら、仕事の関係で週にもっと大勢の人と会っている人はどうなるのだろう。

あなたは自分の会った人のうち、たった一人でも気分を害し、不満を抱いて帰っていったら平気でいられるだろうか。平均的な人でさえ、人生で二五〇人もの人に影響を与えるとすれば、そんな余裕はないはずだ。あなたが毎日相手にしている人の中には、彼ら自身毎日大勢の人を相手にしている人がたくさんいるのだから、なおさらだ。

人は、何を買ったとか、買うつもりだ、ということをよく他人に話すものだ。それを聞いて、どこで何をいくらで買うべきか、必ずアドバイスする人たちがいる。普通の人々にとってはそれが日常生活の大きな関心事なのだ。

そういう人を一人でも失う危険を冒せるだろうか。私にはできない。なぜなら、**私がこれほどの売上げや収入をあげられるのも、私のことを人に話してくれる人のおかげ**であることを知っているからだ。それが私の仕事人生において大きな力になった。あなたの仕事人生でもそうあるべきなのだ。

われわれは愛や友情の話をしているわけではない。ビジネスの話をしているのだ。客のことを本心ではどう思っていようと関係ない。大事なのは、どんな態度を示し、どう接するかだけだ。

だから当然、自分の感情がコントロールできなければ困ったことになる。しかし、これがビジネスだ。ビジネスにおいては、ムーチ、変人、イヤな奴、パイプを吸う人も皆、あなたに金をもたらすかもしれないのだ。

それなのに、怒りや思いあがった言動でたったの一人でも背を向けさせたら、財布を握りあなたにいくらか払おうと思っているかもしれない少なくとも二五〇人に悪い噂が流れるリスクを冒していることになる。

これは仕事をしていく上でぜひとも身につけ、片時も忘れてはいけない姿勢だ。それができなければ、「ジラードの二五〇の法則」によって、ビジネスの場から消えていくだけだ。

勝ち続けるために

一人の客に嫌われることは、あと二五〇人の客に嫌われることだ。

第5章

「仲良しクラブ」は
時間のムダ

営業は何を売ろうが、どこで働こうが自分を売るビジネスである

私は営業マンになったその日に「二五〇の法則」を発見したわけではない。それがわかるまでに何年かかかった。その間にどれだけの客を失い、その客の友だちや親戚や同僚をふいにしたことか。白状すると、最近でも「イタ公」などと呼ばれると時折爆発することがある。

しかし、この仕事を始めてすぐに覚えた大事なことがあった。それは、「仲良しクラブには入るな!」ということだ。

ほとんどの営業マンは、新しい職場に入った当日に気づくことなのに、すぐ忘れてしまう。仲良しクラブとは、朝、職場の同僚たちが集まり、前の晩の出来事や、朝食で妻から聞かされた愚痴など、仕事とは無関係の話をして不毛な時間を過ごすことだ。

誰でも思いあたることがあるはずだ。営業マンたちが集まっているところに、後から一人やってきて、「フィル・ジョーンズのこと、聞いた?」と話しかける。フィル・ジョーンズは一〇年前にそこで働いていた人で、知っている人は一人もいないが、それでもかま

わず、彼が事故に遭ったか宝くじに当たったかした話を聞かせ、皆も耳を傾けている。何のために？　それはいったいいくらの儲けになるのだろうか。

そのうち職場にコーヒー売りのワゴンが回ってくると、今度はコイン投げをして、今日のコーヒー代を誰が払うか決める。時間はどんどん過ぎ、まもなくお昼時になろうとしている。次なる話題は「昼飯はどこで食う？」だ。一人がある店の名を挙げるが、意見が分かれたので決を採り、ようやくランチに出かける。行き先はだいたい他の営業マンも行くようなところだから、自分の売上げの足しになりそうな人と出会うことはない。

昼食から戻ってもまだ話の続きや、誰が誰に昼飯代をいくら返さなきゃいけないといった話題に気を取られて時間が過ぎる。そうこうするうちに一日が過ぎ、ビジネスチャンスも過ぎ去っている。

忘れては困る。これは、あなたのビジネスなのだ。**どこの会社で働こうが、何を売ろうが関係ない。自分のビジネスをしっかりと育てていけば、売った相手は、あなたの顧客になる。**仕事から逃れようとすれば、その時間だけ、得られるはずの金を失っていることになる。

初めて来た日を思い出せ

ほんの短期間でも営業マンをしたことがある人ならわかっていることだ、と私は書いた。今の職場に初めて来た日を振り返ればわかる。

職場の人を誰も知らなかったあの頃。多少の寂しさはあった。誰も話しかける相手がいない。だから何かやることを見つけなければと考える。そうして、ちょっと商品のことを勉強してみたり、トップ営業マンのそばに寄って顧客とのやり取りを見てテクニックを盗もうとしたりしたことだろう。友人や親戚に電話をかけたりダイレクトメールを送ったりさえして、自分の新しい仕事場や扱っている商品のことを知らせたりしたのではないだろうか。

誰に教わるわけでもなく、多少なりともビジネスを知っている人なら、それが転職したばかりの営業マンの取るべき行動だということくらいわかる。

それよりも重要なのは、そうしたのは、自分の時間がたっぷりあったからだということだ。しゃべる相手も、仲良しもいなかったからだ。

しかし、しばらくすると、あなたも他の人たちの仲間に入り、そういうことを全くと言っていいほどやらなくなる。もうやり手ではなくなり、入ったばかりの頃のあの頑張りはいったいどこへ消えてしまったんだろうと思う。まあ、そういうものさ、と自分に言いきかせる。やる気満々のときもあれば、そうじゃないときもあるさ、と。

勝利の快感が自信を生み出す

それで納得していてはいけない。私は働きはじめの早い段階で思い知った。家族に食べさせる食料品一杯の袋を持ち帰ることができたとき、営業における達成感を知った。まず何よりも先に、あの切羽詰まった欲求があった。

しかし、それだけではなかった。あの初めての営業のとき、売ること自体に独特のスリルを感じた。住宅建築業をやっていた頃、何軒か家を売ったことはあった。しかし、住宅が不足し安手の物件しかなかった当時、あの値段で売っていたので、営業など特にしなくても売れた。

一方、コカコーラの販売員にシボレーを買わせたときは、本当に自分で勝ちとった勝利だった。食料品とコミッションを手に入れただけでなく、本物の営業マンにしか経験することのできない勝利の快感を味わった。それが私にとって初めての本当の営業だった。そして、さらに上を目指すために、考えつく限りのことを試す自信もついた。

職場の他の営業マンを一人も知らなかったし、彼らが自分の客を奪うかもしれない新入りの私を快く思うはずがないこともわかっていた。だから誰とも親しくならなかった。その代わり、たくさん車を売った。最初の月に一三台、次の月に一八台売った。二カ月目でそのディーラーのトップ営業マンの一人になった。そして、クビになった。

もう随分昔のことだが、他の連中が私の売上げにけちをつけたことは覚えている。私が人の客を横取りしている、と非難した。彼らが本当に気に入らなかったのは、私が経験もない新入りのくせに、自分たちと同じかそれ以上の成績を上げていたことだった。それに、私は彼らとはあまり打ち解けようとしなかった。

そのため、私は別のディーラーに移り、それ以来ずっとそこにいた。初めて店に行ったとき、営業マネージャーに、他の営業マンとくっついて時間を無駄にしなければいい成績を上げられるはずだ、と言われた。

それはもう何となくわかってはいたが、同時に、彼らを敵に回さない方が賢明なことも知っていた。だからそれ以来気を遣うようになった。私が皆とは違うやり方で仕事をすることも、仲良しになって時間を無駄にしたくないことも彼らは知っている。そしてそのやり方でうまく行っているということも。

もちろん、どこにでもあるような同じ職場で働く者同士の軋轢《あつれき》はある。それでも私は自分のやり方を通しながら、同じ職場に留まった。

この業界の営業マンの好きな話題と言えば、どこのディーラーが一番かとか、自分の職場のここがだめだとか、その点、知り合いが勤めているディーラーはいい、といったことだ。しかし、私がずっと同じ職場で働き続けたのは、どこで働くかではなく、どう働くかが一番大事だからだ。

自分の時間を大切にする

われわれの店の立地はよかったが、その点に関しては、シボレーのディーラーはたいていそうだし、繁盛しているディーラーはどこも同じだった。報酬も他のディーラーに引けを取らなかった。だから、一番大事なのは、いかに賢く働くかであり、それは一生懸命働くことよりもさらに大事なことであると気づいた。

他の連中が昼食に出かけても、私がめったについていかないことは皆もわかっている。私には他にやるべきことがある。誰かとランチに出かけるのは、ビジネス的価値があるからで、単につき合いで行くことはない。ランチに誰を誘い、その際にどういうことを、何のためにするのか、などは別の章で説明する。ここで言いたいのは、人目にどう映ろうと、仕事をしているときの私はすべてがビジネスだ、ということだ。

私がぜひとも伝えたいことはこうだ。

〝「仲良しクラブ」には加わるな〟

もしすでに一員になっていたら、そっと抜けた方がいい。別の悪い習慣や態度も身についてしまうからだ。

一例を挙げよう。営業マネージャーが販売会議をやると言うとき、「またくだらない会議か」と連中が漏らすのを何度耳にしただろうか。自動車の営業を始めたとき、私は自動車のことも営業のことも何も知らなかった。私は何か勉強できるかもしれないと思い、会議に出席した。そして、信じられないかもしれないが、本当に勉強になった。

営業マネージャーのことが気に入らないとしても、営業マネージャーは販売に関してはいろいろ知っているはずだ。確かに、見せられるビデオ教材はあまりいいとは言えない。おそらくそれはビデオ以外、物を売ったことのない人たちが作ったビデオだからだろう。

それでも、マネージャーが販売会議で話すことは理にかなっていると思った。私よりも営業に詳しいと思ったし、少なくとも当時は本当にそうだった。マネージャーやビデオの言うとおりにやればうまくいき、もっと売上げが増やせることがわかった。電話でもダイレクトメールでも何でも、たくさんやればそれなりの効果があった。

後になって、自分のやり方でもっとうまくやれるようになり、自分独自のダイレクトメールまで作った。それは店が作るものよりも効果があった。それでも、マネージャーやビデオのアドバイスは何もないよりはるかによかった。仲良しクラブに入っている限り教わることのできないことだろう。

なぜなら、日がな一日仲良し同士でくっついている人たちの中には、一日に一時間でも、あるいはたった一〇分でも電話を使えば、どれだけ仕事につながるか教えてくれるような人はいないからだ。それに、お仲間の誰一人として、「オレのくだらないジョークなんか聞くな。自分のデスクへ行って、ダイレクトメールに住所と宛名を書いて毎日一〇通送れ。そうすれば、毎年二五〇〇人の自動車を運転する人、つまりいずれ車を買い替える人とつながりができる」などと言ってくれる人はいない。

仲良しクラブに属する連中は、必要な客はすべて日々向こうから店にやってくると思っている。だから私にはわかっていることを、彼らの口から聞くことはありえない。

それは、そんなクラブに入らなくても、町一番の商売ができるということだ。自分を指名してくれる顧客作りに、自分の時間のすべてを費やせるからだ。

たしかに、順番待ちの営業でまずまずの成績を挙げる営業マンもいるが、それには運が必要だ。しかし、どの客にも必ず買ってもらえる営業マンはいない。だから彼らは、運任せにならざるを得ない。

確率の原則

私は仕事を運任せにするのは好きではない。ラスベガスでは勝つ見込みがどの程度のものかくらいはわかっている。思いきって賭けてみたくなれば、賭けもする。しかし、キャリアや家族の保障に関わる賭けはしたくないので、仕事でチャンスに賭けるようなことはしない。私は、チャンスは作るものだと思っている。そしてそのために最も重要なことは、仲良しクラブには入らないことだ。

私の育った地区では、次のような言い回しがある。「スパゲティを壁に投げつけたら、そのうち何本かは壁にくっつくはずだ」。それがわれわれのビジネスにおける確率の原則だ。仲間同士でそこにつっ立って、運が巡ってくるのを待つのとは大違いだ。

つまり、ビジネスを育てるためにいろいろとやっていけば、ビジネスは育ってくる。完璧にやらなくても結果は出せる。もちろん、うまくやればやるほど結果はよくなる。しかし、肝心なのは実行すること、それも数多く実行することなのだ。成功する確率を高めるためにやるべきことは、仲良しクラブにいてはできない。

それにはまず何から始めればいいのだろうか。できることはいろいろとある。それをこの後紹介していく。その中から自分に合ったもの、自分のスタイルや性格、興味に一番適したものを選んでやればいい。

とにかく肝心なのは、何でもいいからやることだ。ここ何年かいろいろな業種の営業について人と話す機会があった。皆一様に、新人営業マンは成績がいいと言う。それが事実である理由は、最初は誰でもいくつかは売れるものだということだ。自動車でも保険でも何でも、誰でも自分で一つ買い、義理の父親に一つ売り、親友に一つ売れるからだ。ある営業マネージャーに言われたことがある。

「三つ売り上げた後が、本物の営業マンかどうかの分かれ道だ」

あなたを助けたくて買ってくれる、そういう楽な商売をしてしまった後は、どうすればいいのか。それが大きな問題だ。その問題にこれから取りかかろう。

勝ち続けるために

仲良しクラブに入るな。
その代わり、自分の時間を全部使ってチャンスを作れ。

第6章

売り終わった後、次は誰に売る？

営業は情報を集めるスパイゲーム

世間一般では、おじや義理の母親などが車を買って助けてくれるのだが、私にはその余裕のある親類はいなかった。それでも、何度も言ったように、どうしても売らなければならなかった。

一方、私にはあのコカコーラの男がいた。今どこにいるのか知らないが、本当に助かった。そして、前に書いたとおり、見込み客名簿もあった。デトロイトの電話帳から抜いた四ページ。黄色いページ二枚と、白いページ二枚。それにデスクの上の電話機。

新入りで未熟者だった私は、その辺に立っておしゃべりやコイン投げをしながら順番を待ち、飛び込み客に賭ける以外に売る方法がないとは思っていなかった。それに、他の営業マンの接客機会を奪わないと約束していて、それをおおむね守っていた。だから自分の名簿にあたった。

まさか電話帳から抜いたページをそのまま使ったわけではないだろう、と思うかもしれない。では、言おう。私は本当にそうしたのだ。賭けてもいいが、今でも必要があれば、同じ方法を使っていい稼ぎができるだろう。

売り込み電話をしても無駄骨になることが多い、と文句を言うのは簡単だ。確かにそうだ。応答がないことが多いし、使われていない番号もある。ときには話が通じなかったり、言葉が通じない場合さえある。とはいえ、やり方さえよく考えれば、必ず何らかの反応は得られる。

仕事中に数分間、ぽっかりと空いた時間ができたり、何も予定のない一時間があれば、電話を五、六本かけるくらいの手間は何でもないだろう。たいてい何の収穫もないだろうが、たまたま有力な手掛かりに行き当たるかもしれない。そういう努力を重ねていけば、鼻を掻いたり下手なジョークに耳を貸しているよりも、少しは意味のある結果が生まれるはずだ。

見込み客を見つけるには、売り込み電話よりも効果的な方法はいくらでもある。それでも、他にもっとよい方法がないときは、この方法をやってみる価値はある。見込み客や顧客を獲得するシステムの作り方については後で説明する。しかし、まず、この最も非生産的な新規顧客開拓術、つまり電話帳を使った売り込み電話でも、何もしないよりはましなことを証明しておきたい。

だから、きちんとした見込み客リストがなくても、電話をかけてみてほしい。営業エリアが郊外で、その地区専用の電話帳があるなら、もちろんそれを使った方がいい。が、絶対というわけではない。私が使ったのも適当に破りとったページだった。ただ、今私が同じことをするとしたら、パラパラとページをめくり、可能性のありそうな住所や名前の見当をつけた上で受話器を取るだろう。

電話での営業でやるべきこと

続けざまに一〇件不発に終わったとしよう。応答しない、コトバガワカラナイ、ママは買い物。日中、あまり早い時間は避けている。午前の遅い時間だ。

しかし、最初の一〇件では何も得られなかった。そのせいでどれくらい無駄にしたろうか。三分か四分か？　まあいい。次の電話で女性が出た。

「こんにちは、コワルスキーさん。メローリス・シボレーのジョー・ジラードと申します。ご注文いただいた自動車がご用意できましたので、そのご連絡なんですが」と伝える。

といっても、これは売り込み電話で、私にわかっているのは、電話帳に載っていた相手の名前、住所、電話番号だけだ。コワルスキー夫人は何のことだかさっぱりわからない。「違う番号におかけだと思いますが。うちは自動車なんて注文してませんから」と彼女は言う。「本当ですか」と私は尋ねる。「ええそのはずです。主人から何も聞いてませんので」と彼女は答える。「ちょっと待ってください」と私は言う。「そちらは、クラランス・

J・コワルスキーさんのお宅ですよね」「いいえ、主人はスティーブと申します」

私は書きとめたが、もちろん電話帳にはちゃんとそう書いてある。

「ああ、それは申し訳ありませんでした、コワルスキーさん。こんな時間にお邪魔してしまって。お忙しかったんじゃないでしょうか」。彼女はおそらく、大丈夫ですよ、とか、ちょうど買い物から帰ってきたところだったので、と答えるだろう。いずれにしろ、すぐには電話を切らせない。

私の話はまだ済んでいないので彼女をつなぎ止めておく必要がある。彼女も特に話し相手がいないから急いで切ろうとはしない。「コワルスキーさん、新車を買う予定などはありませんか」。もしあれば、そのとおり答えるかもしれないが、普通はこういう答えが返ってくる。

「ないと思いますが、そういうことは主人に聞いてもらわないと」

それだ、待っていた答えは。「ご主人は何時頃お戻りですか」。彼女は「六時頃には帰っていると思います」と答える。よし、これでOK。「そうですか、ではその頃またお電話します。お食事の時間にぶつからなければ」。夕飯は六時半頃だから、という返事を聞き、礼を言って電話を切る。

さて、六時にやるべきことはもうおわかりだろう。そのとおり。「こんばんは、コワルスキーさん。メローリス・シボレーのジョー・ジラードと申します。今朝、奥様とお話ししまして、この時間帯にかけ直すようにおっしゃいましたので。シボレーの新車はご興味ありませんか」

するると、彼はこう答える。

「いや、今のところはありませんね」。私は尋ねる。「では、いつ頃お車をお買い換えになるつもりですか」

ストレートに質問する。彼は少し考えてから答えてくれるはずだ。早く私を追い払いたいと思っているかもしれないが、理由は何であれ、おそらく本音が返ってくるだろう。作り話をでっちあげるより簡単だからだ。「半年後ぐらいでしょうね」と彼が言うので、私はこう言って話を切りあげる。「わかりました。ではコワルスキーさん、その頃にまたご連絡します。ところで、今は何にお乗りですか」。彼は答え、私は礼を言って電話を切る。

彼の名前、住所、電話番号と一緒に、今の会話で得たどんな情報も書きとめておく。勤務先や、子供の数や、今乗っている車など、一つ残らずだ。それをすべてファイル用とメーリングリスト用に情報カードに記録する。また、スケジュール帳にも書きこむ。今から五カ月後（言われた通りの六カ月後ではなく）のある日の六時の欄に記入する。その日が来たら、当然彼に電話し、彼がその頃には必要になると言っていた車を、あらゆる手を使って買わせるのだ。

これが、二分間の電話で私が手に入れた、金では買えない情報だ。

営業は、スパイゲームだ。誰かに何かを売ろうと思ったら、その人に関して役に立つと思われるあらゆる情報を収集することだ。

企業を相手にタイプライターを売ろうとしている人なら、受付係から、その会社で使われているタイプライターの台数、購入年、修理頻度、機種、買い取りかリースか、会社の成長具合、新しく秘書を雇う予定がないか、意思決定権者は誰かなどを聞き出すことができるはずだ。扱っている商品が何だろうと、毎日いくらかの時間を使って、観覧車の席を一つずつ埋めるようなつもりでやれば、すぐに客は見つかり、順番待ちの列ができるだろう。

自分だけの見込み客名簿を作る

当初は、その情報を紙切れに書いて引き出しに押しこむだけだった。が、ある日、フォローしていなかった顧客に気づき、システムの必要性を感じた。そこで、文具店に行き、スケジュール帳と小さな情報カード用のファイルを買った。それが私の情報管理システムの始まりだった。

紙切れに書いてあったことをすべてその記録システムに転記し、メーリングリストとコールバックシステムをスタートさせた。まだそういうものを使っていない人は、使うことをお勧めする。開拓したすべての見込み客を記憶に頼ったり、封筒の裏に書いてポケットに押しこんでおくだけでは到底管理しきれないからだ。

さっき紹介した売り込み電話の結果、私は見込み客を獲得し、最終的に売ることができた。そういうことは一度きりではなく、何度も、数え切れないほどあった。何人ものコワルスキーという名前の人にも実際に売ったことがあるはずだ。だからこの名もまったくの作り話というわけではない。

営業中毒

そろそろ私のやったことがマジックではないことがわかってきたと思う。難しいことは何もない。それどころか、私と同じようなやり方で売り込み電話をかけている人を見たり聞いたりしたこともあるはずだ。だからこの手法に関してはこれ以上話す必要もない。しかし、これほど当たり前で簡単なことなのに、言われないといつまでも仲間と時間を潰すだけになってしまうのだ。

私は自分が稼ぐ金や、商談がまとまったときの快感が好きだ。私を「営業中毒」だと思うかもしれない。あの物を売ったときのゾクゾクする感じが大好きだ。

だが、すぐに冷めてしまうので、何度も何度も繰り返しやらなければいけない。毎日、何台も売らなければ禁断症状に陥ってしまう。

だから、他の連中が一カ月で販売する台数を一週間で売ることもある。その程度の成績で彼らが満足しても、それは私がとやかく言うことではない。私は満足しないから何とかしたいと考える。そう考えていろいろとやってみる。

よく考えてみよう。のほほんと自分の番が回ってくるのを待つだけで、週に五台販売できるなら、その営業マンは売り方を心得ている。それができるなら、店に来る客を五倍に増やし、しかも全員が自分を指名するようにできたらいったいどれだけのことができるのか、考えてもみてほしい。増えた分の顧客に対して同じ効率で契約をまとめることができたら、それだけでも売上げはグンとアップする。成約率がそのままでもだ。

だから、親戚に買ってもらった後は、見込み客をどんどん見つけ、観覧車の席をすべて埋めることだ。

そのやり方はいくらでもある。売り込み電話はその中の一つだ。しかし、方法は他にもあり、いろいろ試してみれば、他の方法はもっと生産性が高く、時間を有効に活用できることがわかる。そうなると営業の快感を味わい、楽しみながら大儲けできるようになるはずだ。

勝ち続けるために

身内に楽に売った後には、大勢のコワルスキーがいる。探し続けよう。

第7章

観覧車の席を絶え間なく埋め続ける

観覧車の法則

最初の章で私は、上手な営業は年中作物が育つ土地で種をまき、収穫するのに似ている、と述べた。年中、種をまき、収穫する。別の見方をすれば、先程触れたとおり、観覧車に例えることもできる。観覧車を見たことのある人ならその仕組みがわかるだろう。

係がゴンドラ一台一台に人を乗せていく。乗客を降ろし、また乗せ、観覧車を少し回し、次のゴンドラに人を乗せ、それを繰り返すと、乗客全員が新しい人と入れ替わる。そしてまた観覧車を少し回し、席を空けては埋めるのだ。

上手な営業もこれに似ている。観覧車は常に少しずつ回っているが、違う点は、しばらく降りてもらうのは今売れた客、乗ってもらうのはこれから働きかける相手だということだ。一まわりする頃には、乗っていた客はそろそろ車を買い、席を譲り、しばらくの間別の人と入れ替わる時期に来ている。

「しばらくの間」というのは、誰にとっても自動車は一生の買い物ではないからだ。買ってから二、三年または五年も経てば買い換えどきだ。本人は気づかないかもしれないが、きちんと記録やファイルやスケジュール表を管理していれば、あなたにはわかる。それも本人が気づく前に。

前の章の例で言えば、私はスティーブ・コワルスキーという人を観覧車のゴンドラに乗せたことになる。そこに閉じこめたとも言える。

彼が今乗っている車はわかっているから、たぶん下取りを望むだろうと予想できる。その車の年式もだいたいわかるから、買い替える際に必要な現金や借金の額も見当がつく。住所も、場合によっては勤務先もわかるから、彼の信用リスクがどの程度で、どこで金を借りそうか、例えば、信用組合なのか少額融資会社なのかも予想がつく。そして、次の車を検討し始める時期もわかっている。

だから、彼が探し始めると言っていた数週間前に電話をかける。これで私は彼が相談するかもしれない他の営業マンに先駆けることになる。うまく事を運べば、もう私以外の営業マンには声を掛けないかもしれない。彼は私の観覧車の中にいる。今どの辺りを回っているかも私にはわかっている。

と言いたいところだが、そうはうまくいかないことが多い。相手からそんなにいろいろと聞きだせないこともある。誰が観覧車に乗っているかわからなくなることもある。郵便を送っても、相手が読まずに放りっぱなしにしていてもわからないからだ。

だが、そんなことはたいした問題ではない。確かにコワルスキーさんのようなほぼ間違いのない見込み客が、数本の電話で獲得できればそれに越したことはない。しかし、スパゲティ投げを思い出してもらいたい。投げてみれば、そのうちの何本かは壁にくっつく。逆にコワルスキーさんに電話したら、宝くじに当たってロールスロイスを買ってしまっている可能性だってある。

しかし、だからどうだと言うのか。それなら車を買おうとしている知り合いがいないか、例えば食事にきた親戚、同じ店の人、近所で昨日マイカーをだめにしてしまった人がいないか尋ねてみる。あるいは、ただ、お祝いを言って、どこで宝くじを買ったのか教えてもらう。その後、その賞金の一部で奥様か卒業を控えたお嬢様にも自動車を買って差しあげてはいかがですか、と持ちかける。または、ちょっと愛想のいい話をするだけにして、いずれ彼が金を使いはたし、また安い自動車が必要になって声を掛けてくれるまで待つ。

スティーブ・コワルスキーさんのゴンドラが今どのあたりにいるのか、はっきりとわかっているときもわからないときもある。しかし、彼の名前や連絡先、そしていつ連絡すべきかはわかっている。これは値打ちがある。その情報は、金を掘り当てたようなものだ。彼にはもう一度、いや何度でも電話をかけ、メーリングリストに載せ、接触する価値がある。

コワルスキーさんという人の話をしているとき、私が本当は大勢の人のことを言っていることはわかるだろう。多ければ多いほどいい。自動車業界に入ってから、私は一万二〇〇〇台を超える乗用車とトラックを売ってきた。

リピート客が年々増えているため、その一万二〇〇〇台強の売上げの何パーセントがリピート客によるものなのか、ここではっきり答えることはできない。が、記録はちゃんと取ってある。買ってくれた顧客一人一人のカードが作ってあり、二回以上買ってくれた顧客のカードにもその日付や車種など必要な情報がすべて書きこんである。だから、私の既存客のファイルには九〇〇〇人の名があるとしよう。

想像できると思うが、九〇〇〇人に手紙を出すには非常にコストがかかる。全員に第一種郵便を送ったら、近頃は切手代だけでもばかにならない。しかし、まだ買ってくれていない顧客を含めれば、私のメーリングリストはもっと大きい。だから記録の管理やメーリングには随分コストがかかっている。コストの大部分はディーラーが払ってくれるが、私もかなり負担している。だがそれだけの価値はある。メーリング自体の費用は言うに及ばず、名簿を管理し、更新する費用も一銭たりとも無駄になっていない。

同じようにリストを作ってみればその価値がわかると思う。ずらりと並んだ有望な見込み客の名前ほど、営業マンが持つ価値のあるものはない。見込み客リストが大きかろうと小さかろうと、あなたが何らかの方法で見込みがあると判断した人々のリストであることに変わりはないのだ。

見込み客は全国に何百万といる。主要都市ならどこでも数十万いるだろう。しかし、具体的な人の具体的な名前、住所などあらゆる情報を手に入れることが極めて価値のあることなのだ。そんなことは私が言うまでもない。が、誰も指名してくれない、と嘆き癖がついている人がいるといけないので、念のため言っておく。

すべての人を顧客に変える

あなたはどういう営業をしているだろうか。「誰に?」という声が聞こえる。

では手始めに、あなたの友達や親戚は、最近あなたがどこで働いているか知っているだろうか。ポケットを探れば彼らの連絡先が書かれたアドレス帳があるだろう。それも見込み客名簿だということは私が言うまでもない。しかし、彼らとは最近どんな話をしただろうか。

もう一つ、見込み客が見つかるソース(情報源)がある。それは、自分が受けとっている数々の請求書だ。どういうことかと言うと、物を買ってあげた相手は、自分の売っている物を買ってくれる見込みが大きいということだ。

誰でも服を着、家かアパートに住み、家具や電化製品を持ち、車を運転する。また、肉屋や花屋や燃料店などの自営業者は、トラックを使う。私が物を買う相手は全員私の顧客名簿に載せている。物を買ったら、忘れずに売り込む。支払いのとき、もう一度自分の商品の話をする。その逆もやる。誰かが自動車を買ってくれたら、その人の職業がわかる。彼の売っているものが必要になったら、彼から買うことで私の感謝の気持ちを知ってもらう。

いつもいつも持ちつ持たれつの関係になれるというわけではない。しかし、自分が物を買う相手は絶対に見込み客リストに載せるべきだ。だから、請求書や領収書のファイルを見直し、金は誰に渡っているのかをチェックすることだ。そろそろこちらがもらってもいい頃だろう。

「ジラードの二五〇の法則」はどんなときにも生きている。

行きつけの肉屋やガソリンスタンドやクリーニング屋なら、ときには一日の間にそれだけの人と話すことさえあるだろう。彼らの一人一人が自分の客と話し、子供や事故や自動車の話を小耳に挟む。まだあなたの職業さえ知らない人もいるかもしれないから、この際きちんと伝えておくべきだ。

何を売っているか皆に知らせよう

これは非常に初歩的なアドバイスのように思えるし、これまでうんざりするくらい言われてきたことだろう。しかし、親しい友人や親戚以外に自分の職業を教えていない営業マンを私は何人も見てきた。営業マン、特に自動車営業マンはイメージが悪いからだと言う。それなら、私が自分の仕事に誇りを持っていることをお話ししよう。

企業や業界相手の商売をしている人は、自分には無関係あるいは役に立つはずがないと思うかもしれないが、そんなことはない。「ジラードの二五〇の法則」を思い出してほしい。人はいつも知り合いの仕事のことなどを噂するものだ。私の知っている営業マンは、友人の友人の紹介で一二万ドルのコンピュータサービスの契約を取った。

営業マンは、男性も女性も誰でも自分の仕事に誇りを持つべきだ。こう考えてみてはどうだろう。私は三五才のときから一万三〇〇〇台を超える自動車やトラックの新車を売ってきた。それはいったいどれだけの仕事を生み出してきただろうか。

それだけの車を製造するのに、どれだけの鉄鋼の生産と販売を必要とし、どれだけゼネラルモーターズやそのサプライヤー数千社が儲けたか。私がたった一人でやったことのおかげで。何百万ドルだ。物を動かしているのは営業マンなのだ。営業マンが棚から、在庫から、倉庫から、商品を動かさなければ、アメリカの経済全体が機能停止してしまうのだ。だからあなたは自分が営業マンで、何を売っているのか、堂々と言えばいい。

だが、人から何かを買うとき、買ってあげるから私のものも買って、と持ちかける必要はない。ただ時折、私はこういうものを売っているので、必要なときはいつでもどうぞ、ということを伝えておけばいいのだ。

それに、あなたが欲しいのは、売上げだけでなく、情報もだ。

宝石の営業マンなら、もうすぐ学校を卒業する人がいるという噂を聞けば、腕時計やカクテルリングの販売につなげられる。車の営業マンなら、誰かが事故で車をだめにしたと耳にすれば、お気の毒にと言うと同時に、頭の中ではこの人には新しい車が必要になり、しかもたぶん多額の保険が下りるから支払いは大丈夫だろう、と考え記憶に留めておく。

だから、肉屋やパン屋のことを忘れてはいけない。観覧車の席を埋める、肥沃な土壌に種まきをする、どうとらえてもよいが、彼らは私がプロの販売システムと呼んでいるものを実現する手助けをしてくれる人たちだ。

では次に、これ以外の方法を使って観覧車の席を埋める、あるいは種まきをする、あるいは壁にスパゲティをくっつけるやり方を具体的に説明していきたいと思う。どの見方をとってもいいが、その方法を使えばきっとあなたも営業で儲けられるようになる。

勝ち続けるために

思いつく限りの人を観覧車に乗せよう。

第8章

ジラード流、商売道具の使い方

営業ツールは徹底的に使いこなせ

私が顧客獲得に活用しているツールをリストアップしても、ここまで読んできた読者が意外に思うようなものはおそらくないだろう。リストには、言うまでもなく電話、顧客ファイル、ダイレクトメール、名刺、そして私に顧客を紹介してくれる協力者が含まれている。

売り込み電話も、どんなに効果的な手段になり得るかということはすでに説明した。それ以外何もしなくても、ビジネスは十分成り立つ。私が実証したとおりだ。

また、顧客情報の管理の仕方についても少し触れた。私の場合は、売り込み電話などで獲得した見込み客に期間をおいて連絡しなければならないときは、その予定の日をスケジュール帳に書き込んで忘れないようにしている。しかし、本当のところは、前の取引で満足した顧客ほど将来有望な客はいない。だから私は、顧客カードのファイルを文字通り身を挺して守っている。

カードは二セット作り、一セットは店にある私の部屋に、もう一セットは別のところに保管している。そして二セットとも一台三七五ドルの防火戸棚にしまってある。ファイルは私にとってはそれよりはるかに価値のあるものだ。このファイルに何かあったら、二度とあれだけの情報を集めることはできない。だから金庫に入れていても、二セット持っているのだ。

自分だけの顧客ファイルを作る

カードファイルを作る際は、顧客や見込み客に関して気づいたことをすべて、一つ残らず書きとめることだ。子供のこと、趣味、旅行など、その人についてわかったことはすべて。すなわち相手の興味に合った話題を投げかけることができるからだ。そうすれば、自分の商品と引き換えに金をもらおうというあなたの狙いから相手の気をそらし、警戒心を解くことができる。

どんなものを売る場合でも、顧客があなたから好かれ、気にかけられていると本気で信じてくれることほど効果的なことはない。営業は前に書いたとおり、対決だ。戦争と言ってもよい。

ただし、それを顧客に感じさせる必要はない。むしろその逆をすべきだ。顧客をリラックスさせ、緊張を解き、あなたを信用させるべきなのだ。それだからこそ、相手について集めた情報や本人から直接聞き出したことを、些細なことまで残さずファイルに書きとめることを強く勧めたい。

顧客を店に呼ぶことができた後の接客術については、後で説明する。しかし今は、どうやって顧客を呼びこむかに的を絞ろう。

郵便、メールを使いこなす

ここで少し、メーリングについて触れておく。私のビジネスでは非常に重要なテーマであり、あなたにとってもそのはずだ。だから、後で一章をあてて、詳しく説明する。ここでは、どういう時にどんなことをすればビジネスの拡大に役立つのか、誰にでもできることをいくつか簡単に紹介しておこう。

相手やその妻子の誕生日がわかれば、もちろん見込み客ファイルに書きこむ。バースデーカードを送ったら、どれほど効果があるか考えてみたらいい。食料品やネクタイなどよりは値の張る品物を扱っている人なら、カードを送るくらいで相手があなたを好印象と共に思い出してくれるのであれば、十二分に元が取れる。

営業マンから送られてくる郵便で一番うれしいのは、自分だけに宛てたものだ。衣料品の営業マンの中には、新作のコートやスーツを紹介するメーカー支給のチラシを顧客に送る人がいる。もしその脇に一言、「お客様のために四二号をお取りおきしています。ぜひお早めにご来店の上、ご試着ください」と書きそえたら、どんなに効果的か考えてみてほしい。

これでこの見込み客は義理を感じ、少なくとも、その商品には興味がない、と電話をかけてくるはずだ。これを機に、来店して他の商品も見てもらえるよう口説くことができる。そこまでいかなくても、特別気にかけていることを相手に印象づけることはできたはずだ。

自動車業界では、ダイレクトメールは営業の常套手段だ。メーカーが支給し、ディーラーが送料の一部または全額を負担する。私もメーカー支給の物を何年も利用してきたし、良くできているとは思う。当然、何もないよりずっといい。

しかし、私は自分で考え出した方法でダイレクトメールを送っている。それを第9章で紹介する。あなたもそれをベースに独自のものを作ればいい。少なくとも郵便を使って見込み客にアプローチするもっと効果的な方法を考えるヒントにはなるはずだ。

自分専用の名刺を持つ

営業マンなら誰でも名刺を持っているが、一年かけても五〇〇枚入りの箱を使いきらない人がたくさんいる。私は一週間あれば使いきる。

顧客を獲得する上で大事なツールを一つだけ選べと言われたら非常に悩む。不可能に近いその選択をどうしてもしなければならないなら、おそらく「名刺」を選ぶ。

といっても、私のは、会社が用意してくれるような、自分の名前が隅の方に入っていたりして目立たない一般的な名刺とは違う。私の名刺は、完全に私専用だ。顔写真も入っている。もちろん、特注分のコストは自分持ちだが、惜しくはない。

オリジナル名刺の印刷コストは今でもそう高くはない。それに、意味のある出費だ。私は所かまわず名刺を配る。レストランで勘定を払う際も、お金と一緒に置いてくる。自動車を運転しない人はほとんどいない。だから、ウェイターもウェイトレスも皆見込み客だ。普通より多めにチップを払った場合は特にそうなる。度を超して払うことはない。

必要以上に金があると思われては、客になろうという気になってくれない。食事代が二〇ドルだったら、普通のチップは一五パーセントだから三ドルになる。私はいつも四ドルと名刺を置いてくる。すると、ジョー・ジラードを覚えていてくれる。

私はスポーツ観戦中に、盛りあがる場面で名刺をばらまくことでも知られている。フットボールの試合で、タッチダウンの瞬間に観客が立ちあがり、歓声を上げたり手を振ったり拍手を送っているとき、私も同じことをしている。ただし、そうしながら、自分の名刺をばらまいている。紙袋に入れて持参した物だ。だからスタジアムを汚しているのかもしれない。しかし、一〇〇枚の名刺の少なくとも一枚が車を必要としている人か、そういう人を知っている人の手に渡れば、その日が無駄にならなかったといえるほどのコミッションが得られることになる。

これは奇異な行動に映るかもしれないが、売上げにつながっていることは確かだ。それに、面白がって私から買おうと思う人もたくさんできたはずだ。名刺をばらまくなど普通やることではないから、覚えていてくれるのだ。

重要なのは、そこに人間がいる限り、見込み客はいる、ということだ。そして自分の存在と職業を知ってもらえれば、それが顧客を開拓していることになる、ということだ。

名刺は最終的に「欲しい人」に届く

第二次大戦後のまだハドソンの車が走っていた頃のことを覚えている人は少ないだろう。当時のように、四輪なら車だろうが何だろうが、何カ月、あるいは何年も待たないと入手できなかった物不足の時代でさえ、ハドソンはなかなか売れる代物ではなかった。

ある日、ラスベガスで知り合った人と話をしていると、彼が非常に金持ちだということがわかった。自動車ディーラーをやってもう十分稼いだために引退したと言うのだ。何を売っていたのか尋ねると、ハドソンだと言う。私は信じられなかった。

どうやったのか教えてもらった。彼は一つのルールを決め、それを自分の下で働く営業マンだけでなく、整備士や事務員など全員に守らせていた。彼は誰かに会ったり、電話をしたりする際、用件に入る前に必ず「自動車を買いませんか。待たずに今すぐ買えますよ」と尋ねた。それがルールだった。この方法で誰も売ることのできない車を売ってビッグビジネスを築いたのだ。

これは、会う人すべて、仕事に関係のある人すべてに名刺を配るのと同じことだ。自動車を必要としている人はいるのだから、名刺が人から人へ伝って最終的にそのときに欲しいと思っている人の手に渡る可能性がある。そして自分の顧客になる。

その名刺にいくらかかるだろうか。ただ同然だ。一〇〇〇枚九ドルくらいだろう。だが、一〇〇〇枚配って一台売れたらコストとも言えないほどで、割が良すぎるくらいだ。名刺の効果的利用、つまり、「いつも山のように持ち歩き、どこでも配る」ことは、最もコストのかからない顧客開拓手法の一つだ。

今説明したいろいろな方法でばらまく以外に、私は名刺を顧客紹介システムにも利用している。それについては、第10章で紹介する。が、その前にここまでのポイントをつなぎ合わせてみよう。

「ジラードの二五〇の法則」は、誰かを敵に回したらどういう結果になるかを教えてくれる。しかし、それ以上に重要なのは、友人であり支援者である満足客ができたときどうなるかについても教えている。では、二五〇人それぞれのポケットにあなたの名刺が入っていたとしよう。彼らが何もしなくても、何かの拍子にそれを引っぱり出すことがあればどうなるか、わかるだろう。

ビジネスは友情ではなくマネーだ、と言うかもしれない。では、あなたのことが好きで、あなたの名刺を持つこの二五〇人が、さらにあなたを他の人にも紹介するインセンティブを与えられていたらどうだろうか。つまり誰かを紹介したら現金をもらえたり、食事への招待や車の無料サービスを受けられるといったことだ。

私が顧客紹介システムと呼んでいるのは、基本的にそういうものだ。あなたもいろいろな組み合わせを自分なりに考えて、勝利を導けばいいのだ。しかし、その前に、私が独自の顧客紹介システムをどうやって構築し、ほんのわずかな出費で毎年五五〇台の営業を生むようになったかを教えよう。

電話、郵便ポスト、ペン、見込み客ファイルと名刺があればもう最高のビジネスツールは揃っている。私の知らないツールを知っている人もいるだろう。

私にも営業について知らないことがあることは重々承知している。喜んで認めよう。だが、このビジネスで私より成功した人がいるとは認めるわけにはいかない。

だから、私の言うことを信じても大丈夫だ。たったこれだけのツールでも使い方次第であなたもスター営業マンになれる。私が保証する。

勝ち続けるために

販売ツールを揃えたら、フルに活用せよ。

第9章

ダイレクトメールの営業法則

文章で営業する上で大切なこと

見込み客や顧客と定期的に接点を持つ手段として、郵便ほど重要なものはない。しかし、現実には、誰もが毎日ジャンクメールを山ほど受けとるこの時代に、郵便を効果的に使うのは至難の業だ。アパートやマンションで、郵便受けが並んでいる脇に巨大なゴミ箱が設置され、要らない郵便物をまとめて捨てられるようになっているのを見たことがある。そういった郵便物のほとんどが目もくれられずにゴミ箱行きだ。

昔の自動車販売業では、ダイレクトメールを出せば必ず客がつくと言われていたものだ。今なら、「ただし読まれれば」と付けくわえなければ全くの嘘になる。そのために、前の章で、出来合いの印刷物には個人的なメッセージを書きくわえるべきだと述べた。いかにもダイレクトメールに見える物しかなかったら、確実に読んでもらうにはそのメッセージを封筒の表に書くのが一番だろう。

営業マンの中には、以前はメーカーから支給された印刷物を使っていたのに、いまやメーリングそのものを諦めてしまった人もいる。わざわざやる意味がない、という結論に達したと言う。それは間違いだ。これから私が証明する。

一つ質問しよう。普通の人が仕事を終え家に帰ってまず発する言葉は何だろうか。第一声でこんなことを言う。「ただいま、変わったことはなかったかい」。次は、「子供たち（またはお義母さん、または犬）はどう?」その後、「何か郵便来てない?」と言う。

ちょっと思い返してみれば、ほとんどこのとおり言っていることに気づくはずだ。このように、人は今でも郵便で届くものに関心が高いことがわかる。しかし、気になるのは見る価値のある郵便物だけで、配達員が去るや否や奥さんに捨てられてしまうジャンクメールではない。夫はそういうものが来たことすら知らされずじまいだ。

本当の勝負は、読んでもらえるかどうか

したがって、今日では、**いかにして送った物を必ず開封させ、読ませ、欲を言えば取っておいてもらうかに、知恵をめぐらせなければならない**。セールス業に携わるほとんど誰もが自分の名簿の顧客にクリスマスカードを送る。人がクリスマスカードを受けとったらどうするかわかるだろう。開封し、送り主のことを話し、そのカードがすてきだとか、変わっているとか、安っぽいなどと言って、暖炉の上に飾り、友人たちに見せる。

しかし、クリスマスカードは年に一度しか送らない。それ以外にジャンクメールしか

送っていないとしたら、あなたは他のものにまぎれて忘れられてしまうだろう。私は違う。私が送った郵便は開封され、読まれ、話題に上り、しばらく取っておいてもらえさえする。

なぜか。一つには、相手の目を欺くからだ。私が送る物は、広告郵便とは一見わからないため、開かれずに捨てられることはない。顧客リストに載っている人には毎年十二通の郵便を送る。それぞれに違う色と形の封筒を使う。受けとった人は何かと思う。封筒の表には会社名は決して書かない。見ただけでは中身が想像できない。ポーカーと同じで手の内を見せてはいけないのだ。受けとった人は中を見たいし、誰からか知りたい。

もしあなたが私のメーリングリストに載っていたら、私の手紙を一通たりとも開封せずに目を通さずに捨てることはないと断言できる。郵便受けから取り出してみたら、開けて中身を知りたくなるような、一見すると本物の手紙だ。

それだけではない。私の手紙を開封し読んだ人は、だまされたとは思わないはずだ。中身を見てもがっかりしないはずだ。誤解されては困るが、封筒に五ドル紙幣が同封されているわけではない。そんなことはしない。とは言え、ちょっとした売り込みのメッセージはそれとなく入れてある。かなり控えめな宣伝だが、この状況に最も適した宣伝だ。こういうものが来たら普通は封を開け、読み、話題にし、記憶に留めるものだからだ。

一月には、「ハッピーニューイヤー、アイライクユー」のメッセージが届く。その季節らしいデザインが施され、「メローリス・シボレー、ジョー・ジラード」とサインが入る。

宣伝はそれだけ。「新春クリアランスセールでお得な買い物を！」などの文句は一言もない。二月には、「楽しいバレンタインデーを、アイライクユー」とサイン。三月には「聖パトリックデーを祝って、アイライクユー」。相手が黒人でもポーランド人でも、ユダヤ人でも関係ない。誰でもそのメッセージは好きだし、送っている私にも好意を持ってくれる。ある月には全員が「ハッピーバースデー、アイライクユー」のカードを受けとる。ちょうど誕生月の人がいたら、私はラッキーだし、その人も喜んでくれる。関係ない人にも、ほほえましい間違いだと思ってもらえる。

相手に直接届く郵便が一番強い

もう一つ気をつけていることは、請求書の発送時期と重ならないように送ることだ。つまり、一日や一五日は避けている。しかし、手紙が何日に家に届こうと、お父さんが帰宅して、「郵便はなかった?」と尋ねると、こう答えが返ってくる。「あるわよ。またジョー・ジラードからよ」

その家庭では私の名が年に一二回、いい意味で話題になる。私のメーリングリストに載っている人は一人残らず私の名と仕事を知っている。車を買うときが来たら、真っ先に私のことを思い出してくれるはずだ。それはリスト上の何千人もいる全ての人についていえる。それだけでなく、彼らは立ち寄った店や会社で誰かが車を買おうとしていると聞けば、私の名前を言ってくれるかもしれないのだ。

私から月々のカードを受けとるだけでも私の名を出してくれるだろう。しかし、そこにはもう一つもっと大きな理由がある。それは、名簿に載っているほとんどの人が、最低年に一回はメーリングの一環として、私の顧客紹介キットを受けとるからだ。

顧客紹介システムについてはその全容を次の第10章で明らかにするつもりだ。しかし、今は、「顧客紹介キット」という仰々しい名前の付いたものは、私の名刺一束と、「車を買う人を紹介してくれる度に現金二五ドル支払います」と印刷されたお知らせのことだとだけ言っておく。相手がどうやって私に自分の紹介だとわからせるかと言うと、自分の知り合いに私の名刺を渡すときに、裏に自分の名前を書いてもらうのだ。詳しくは、また後ほど説明する。

現時点では、郵便が今でも見込み客にアプローチする効果的なツールであることをもう一度強調しておきたい。しかし、送った物がジャンクメールの山に埋もれることなく相手の手に届くことが必要だ。配達されたかどうかではない。ジャンクメールの山に埋もれずに、開封され、読まれ、自分の名前が話題に上り、記憶されることが肝心なのだ。

今私が自分の郵便について書いたのを読んで、あなたはこう思ったかもしれない。「そりゃ、ジラードほどのやり手ならオリジナルの封筒もチラシも作れるさ。それだけ儲かってるんだから」

確かに私はそれだけ儲かっている。しかし、あなたも私のやり方ほど効果のあることをやらずにいることはできないだろう。

つまり、もしありきたりのダイレクトメールを第三種郵便で送ったら、捨てられるようなジャンクメールと一緒にされる。誰も読まないとは言わないが、読まれる確率は極端に低くなる。

もちろん、送料は会社持ちで送り先を自分で指定できるというならやってもいいかもしれない。自分の名前はゴム印かシールで表示できる。それも悪くはない。あまり悪く言いたくはないが、郵便で見込み客にアプローチする方法にしてはかなり消極的だ。

たとえ出来合いのチラシを送る場合でも、少なくともシンプルな封筒に入れて第一種郵便で送ったほうがいい。一応開封され、ゴミ箱に入る前に名前に気づいてもらえるかもしれない。何もしないよりはましだ。ずっとましな場合もある。それに業種や数量によってはコスト的にそれしかできないということもあるかもしれない。

昨日の顧客は今日の最良の見込み客である

しかし、リストのトップに載っている、以前買い、満足してくれた顧客は、特別な努力やコストをかけても彼らの注意を引くことができれば、それに見合う以上のお返しをしてくれる。

読者の中には家庭用電化製品やＡＶ機器を販売している人もいるだろう。例えば過去五年間に二〇〇〇ドル前後の買い物をしてくれた顧客がいる。飛び込みでトランジスターラジオを買っていった客ではなく、台所用電気製品や六〇〇ドルのカラーテレビや、子供のために七〇〇ドルのオーディオセットを買っていった客だ。当然、そういう顧客のリストは持っているはずだ。つまり高い買い物をしてくれた顧客だ。

たしかに冷蔵庫やレンジ台は自動車ほど頻繁に買い替えないことは知っている。しかし、関連製品はつぎつぎと発売され、きっとその顧客もどこかで電子レンジ、ステレオ、テレビゲームなどを買うことになるはずだ。その人々にあなたの存在を常にいい印象とともに思い出させることができれば、顧客はあなたのところに戻ってくる。

そういう見込み客が二〇〇人か三〇〇人しかいないとする。それなら、グリーティングカードを買うのにどれほどのコストがかかるだろうか。大手メーカーからはあらゆる行事や特別な日用のカードを出している。なかには聞いたことのない日さえある。あとはあなたの名前と会社名の入った気の利いたゴム印かシールさえあれば準備は万全だ。

有望な見込み客には手書きで宛名を書いて送るのもいい。贈り物の時期を見計らって、例えば、「祝ご卒業」などのカードを送るだけでもいい。実際、カード売り場へ行って探してみれば、あまりお金をかけなくてもその時どきにぴったりの、好印象を与えられるものが見つかるはずだ。

オリジナルを作る手間と金を惜しむな

贈り物の時期がやってくるたびに電化製品、宝石、服飾、旅行業界などの営業マンからカードが届けば、下心は明らかかもしれない。しかし、あまり控え目すぎてもよくない。宣伝文句は「メローリリス・シボレー、ジョー・ジラード」だけでいい。読んで気に入ってくれれば、何を言いたいのかわかってくれる。それどころか、子供の卒業や結婚、母の日などのタイミングに合わせてギフト向きの商品を提案すれば喜ばれることさえある。

どんな業界でも営業マン用に既製の印刷物を用意することくらい私も知っている。ほとんどの人がジャンクメールを捨ててしまうかもしれないが、私は営業に携わっている人間として、全部に目を通している。営業マンは皆そうすべきだとも思う。

それでも、オリジナルを作る手間と金を惜しむな、と強く言いたい。これを実行すれば、きちんと読まれ、売り込みたいメッセージも伝わるからだ。送った郵便のおかげで相手が自分を記憶し、好印象を持ってくれたら、最大限、効果的に時間と金を投資したといえるだろう。

自動車や不動産の営業マンはそれでもいいが、自分は卸相手の商売をしている、彼らは全く別の種類の客だ、と言う人がいるかもしれない。私はそれでも郵便が（賢く使えば）、顧客に競合相手よりも先にあなたの名前を思い出させるのに非常に効果的なツールだと思っている。

知り合いの営業マンはできて間もないエネルギー管理会社に勤めているが、会社がまだ小さいため、広告宣伝費が限られている。この営業マンは、工夫を凝らした郵便を五〇通送り、三万ドルの売上げにつなげた。投資の見返りとして悪くない話だ。

私が勤めたディーラーでは、私が入るずっと以前からメーリングを行っていた。私はそのやり方を少しばかり改善しただけだ。カギは、いかに独創的で興味を引く物が作れるかだ。ちょっと想像力を働かせてみれば、何十でもアイデアが浮かぶはずだ。暮らしのヒントを同封するのもいい。新聞の切り抜きに一言、「〇〇様、ご参考になれば幸いです。ジョー・ジラード」と添えて送るのもいいだろう。

営業マンの中には、金をかけて名前入りカレンダーを送る人もいる。こうすれば、自分の名前が一年中顧客の目の前にあるわけだ。

私の知っている別の営業マンは、はがきをいつも何枚か持ち歩き、約束の時間や飛行機を待つ間にさっと一言書いて上客に送っている。大手企業が何百万ドルもかけて常に社名を人目に触れるようにしているのを知っているだろう。私はそれから学んだ。あなたもそうすべきだ。われわれも、規模こそ小さいが、やろうとしていることは同じなのだ。

これが私の言いたいことだ。時間も金（ポケットマネーも会社からのサポートも）も限られている。だからメーリングに投資して、自分の影響力を高めるのだ。主要な見込み客全員の自宅や会社を訪問できれば一番いいのだが、それはとても無理だ。どっちにしろ予告もなしに来られては迷惑だろう。

しかし、時間と金を有効に使って、受取人の興味をそそるような個人的なメーリングを考え実行すれば、その次に効果のあることが達成できる。

つまり、分身ともいえる名前が顧客の家に入り込んで、顧客に自分を記憶させ、印象づけ、ときが来たら物を買ってくれるように働きかけてくれるのだ。こういう質の高い投資が優れた効果を生む。営業に携わる者一人ひとりが常に心がけるべきことだ。

勝ち続けるために

あなたの名前をできるだけ見込み客の目に触れさせること。

マスコミ、学歴、インターネット、人間関係、経済、政治、病院…など、何も信じることができなくなった時代だから、

自分を磨き続けよう!

あらゆる価値観が崩壊していく時代

この小さな冊子を手にとっていただき、ありがとうございます。実はいま、あなたのまわりでは、とてつもない変化が起きていることにお気づきでしょうか? **インターネットの発達による多量の情報、世界のグローバル化**といったことを要因に、「これさえあれば、一生安心だ」というものがなくなってしまったのです。一昔前であれば、**「学歴」**や**「大企業」**というものが絶対的な価値を持っていましたが、今や学歴があっても無職、大企業でも倒産する時代になっています。しかも、経済格差が広がっており、**上位20%に入らなければ「結婚できない」「子供にまともな教育を与えられない」**というのが現実です。

八百屋でさえ全世界との競争に

決しておどすわけではありませんが、現代社会はかなり厳しい時代に入っていることは確かです。**インターネットの発達により、すべてのことが瞬時に検索され、比較されます。**

次ページへ

つまり、「究極の競争社会」に入ったのです。近所の八百屋で買っていた野菜でさえ、検索されインターネットで買う人が増えているのです。八百屋でさえ、全世界との競争にさらされているのです。つまり、あなたの仕事も安く人を雇える中国に移ってしまう可能性があるのです。

「では、この時代において、あなたが上位20%に入るにはどうすればいいでしょうか？」

学校で学んだことは役に立たない！

人類史上最速で情報が増え続ける現代において、1年前にやった勉強は役に立ちません。つまり、あなたが学校でやった勉強というのは、もはや役に立たないのです。たとえば、儲かるビジネスを新作っても、その情報は瞬時に広まり、人が同じビジネスを開始し、あっと儲からなくなってしまいます。

昔だったら数年は儲けることができたものが、いまは数ヶ月単位になっているのです。ということは、**「あなたは新たなことを学び続けるしかない」**のです。

「本物の情報」だけを仕入れてください！

人は、何を学べばいいのか？ これだけ情報が氾濫する時代です。「どの情報を信じればいいか」わからないのは当然でしょう。そこで、私たちフォレスト出版は考えました。読者の皆様に、**「本物の情報」だけを提供できるように、書籍だけでなく、CD教材、DVD教材、セミナー…など、あらゆる方法で、「楽しく学べる場」を提供しています。**その分野では超一流の先生たちの情報は間違いなく「本物の情報」です。教材やセミナーで、書籍ではできない学びを体験してみてください。とくに、セミナーでは「本物の人脈」が作れるようになっています！

第10章

顧客をつかむには顧客を使う

「紹介」こそが最強の営業である

誰からのどんな助けも要らないほど優秀な人など、この商売にはいない。私は利用できる助けは何でも利用し、そのために必要な金は惜しみなく使う。見込み客宛てに送るダイレクトメールにどれくらい投資しているかはすでに触れた。

名簿には何千人もの名前があるが、すべてが自分で見つけた有望な顧客だ。この名簿は買ったのではない。あなたの見込み客はこれです、とリストを作ってくれる顧客情報提供サービスに頼ったことはない。自分のリストは、名前を一つ一つ追加しながら自分で作ってきた。徐々に増やしてきたため、常にアプローチに必要なコストを賄うことができた。

そして、メーリングによって過去の客を呼び戻すことができ、この顧客開拓方法を継続するのにかかるコストを補って余りある利益を得ることができた。

私はメーリングを通して自分をひいきにしてくれる貴重な得意客を作っているが、それ以外にも得ているものがある。私は、メーリングを駆使し、顧客を紹介してくれる新たな協力者を募る。また、すでに協力者になっている人には、その人が紹介してくれた人が車を買ってくれれば謝礼をするという約束がまだ有効なのを、あらためて思い出してもらうのだ。

他の人は「協力者」という言葉を使わないかもしれない。だが、呼び方は違っても、私が「協力者」と呼んでいるのは、自動車を買いたがっている知り合いを私に紹介してくれる人のことだ。

私はその一件一件につき、二五ドルの謝礼を支払っている。ただし、車が売れたらだ。だから協力者への支払い（昨年はおよそ一万四〇〇〇ドルだった）は先行投資ではなく、売上原価だ。

ただし、私の税率区分では、営業を職業としている人ならすべて同じだが、成約一件につき支払う二五ドルのうち、私が実質的に負担するのは一二ドル五〇セントだけだ。なぜなら、残りの一二ドル五〇セントは、もし二五ドルの謝礼を払わなかったとすれば所得税として納めなければならなかったはずだからだ。

紹介料を半額負担するディーラーも多いが、私のいる店では私も他の営業マンも一銭ももらえない。私が二五ドル全額支払っているが、負担は私が一二ドル五〇セント、そして国が一二ドル五〇セントということになる。

協力者への支払いについて私が絶対に守っていることがある。それは、必ず払うということだ。支払いをしぶったり、難しいことを言って払わないで済ますことはない。必ず払う。

例えば、ある人が裏に自分の名前を書かずに私の名刺を誰かに渡し、来店したその顧客も紹介されてきたことを言わなかったとする。車が売れた後、紹介した人が電話をかけてきてこう言う。「私が紹介したスターリング・ジョーンズさんがお宅からインパラを買ったようですが、まだ謝礼が送られてこないのはどういうわけでしょう」

すると、私はこう答える。「申し訳ありません。名刺にあなたのお名前がありませんでしたし、ジョーンズさんも何もおっしゃらなかったものですから。では、今日の午後にでも取りにいらっしゃいませんか。お金はご用意してあります。ですが、次回からは名刺にお名前をお書きください。そうすればもっと早くお支払いできますので」

約束は守る、それが愛されるコツ

つまり、「紹介者成約の際には謝礼を払う」と言えば、それはもう約束したことで、そこでごまかしたら詐欺師になる。

それを二五〇〇人にしたらどうなるだろう。でも、とあなたは言う。もし向こうが嘘をついていたらどうするのか。本当はジョーンズ氏を紹介していなかったら……。そういうこともたまにはある、というのが私の答えだ。しかし、めったにあることではない。なぜなら、人を紹介してくれそうな協力者は全員私のファイルに載っている人だからだ。

それに、万一誰かが私の懐から一二ドル五〇セント、国から一二ドル五〇セントだまし取っても、私は売上げによって十分なコミッションを得ている。それに、その人が誰かにこのことを話すときは、私がいかに寛大な人間か皆に説明してくれるわけだ。それは少なくとも一二ドル五〇セントの価値はあるというものだ。

しかし、私が人を簡単に信用するのは、私が特別に人に金をあげるのが好きだからではない。本当に協力してくれた人に支払わないのは、リスクがあまりにも大きいからだ。一〇〇人にだまされて謝礼を払う方が、協力者一人に払わないよりもずっといいはずだ。

昨年一年間で謝礼を一万四〇〇〇ドル支払ったと書いた。つまり、紹介によって約五五〇件の売上げがあったということだ。それは全成約件数のおよそ三分の一に相当する。彼らの紹介のおかげでざっと七万五〇〇〇ドルのコミッションを稼いだ。それにかかったコストは、一万四〇〇〇ドルだ。商売としてはなかなかのものではないだろうか。コストを払わなければ全く発生しなかったおまけの収入であることを思えばなおさらだ。

では、協力者はどうやって見つけるのか。あなたも私と同じやり方で見つけることができる。私がどうやって協力者を探し、つなぎ止めておくために何をしているか、これから詳しく教えよう。

満足した顧客だけが新しい顧客を連れて来る

私はまずこの問いかけから始めた。

「私が知っているどういう人なら、顧客を紹介して二五ドル儲けたいと思うだろうか」

ロックフェラー家に知り合いはいないが、結構な稼ぎのある人ならいるし、私の知っている中で顧客を紹介して二五ドル稼げるなら、それを喜ばない人はいないはずだと思った。私は、脳外科医に紹介料を払ったことがあるが、彼が金のことで一番困っていたのは、それをどこに保管するかということだった。他にも二五ドルの客を大勢紹介してくれる牧師もいる。

車が売れて顧客に引き渡すとき、私が最後にすることは、自分の名刺一束と顧客紹介の特典について説明したものを車のダッシュボードに入れておくことだ。数日後、彼は礼状と一緒に名刺をもう一束受けとる。これで彼も協力者だ。彼は私のメーリングリストにも載っているので、年に最低一度は顧客紹介キットを受けとり、その特典がまだ有効なことを知らされる。

満足した顧客を作ることが新しい顧客を見つける手っ取り早い方法なのは明らかだ。私との取引が納得のいくものであれば、自分の友人や親戚も納得できるはずだと顧客は考えるだろう。それは誰に対しても当てはまる。しかし、その顧客が人の上に立つ人であったり影響力のある人だとわかれば、私は満足してもらえるよう、なお一層努力し、協力者になってもらおうとする。

相手が組合の幹部クラスだったら、彼らが組合員だけでなく他の組合幹部にも大きな影響力を持っていると意識して接客する。彼らは政治的な存在だ。大勢の人と話し、気に入られて投票してもらおうと考えている。ある意味では、私やあなたと同じ立場にいる。彼らは彼らの世界の営業マンとして自分を売り込んでいる。それは、どんなに優れた商品を魅力的な価格で提供していても、営業マンなら誰でもしなければならないことなのだ。

だから、そういう人に出くわすと、努力のしがいがあると思えるのだ。なぜなら、大事にすれば、相手も私のために努力してくれるからだ。というのも、その努力が彼自身のためになるからだ。

彼は自分の支持者に便宜を図りたいから、彼らにも自分がしてもらったとおりにしてもらいたいと思って、私に紹介してくる。こういうことはうまくやれば、信じられないほどの効果をもたらす。まるで自分の体が幾方向にも伸びていくようだ。

ときには顧客を紹介してもお金を受けとろうとしない人もいる。それを嫌がる理由はさまざまのようだ。自分が車を買ったときに十分値引きしてもらったからと本当にお返しのつもりで人を紹介してくれる人もいる。なかには送った二五ドルをわざわざ送り返してくる人も、わずかだがいる。そういうときは電話をして、気を悪くさせたことを謝る。しかし、これはごくまれなケースだ。何はともあれ二五ドルは二五ドルなのだから。

人に現金を渡すことには、いくつか問題がある。州などによっては、それが違法な場合がある。私は法律家ではないので詳しくはわからないが、現金を渡せない地域でも、品物や無料サービスを提供できる場合が多いことは確かだ。法に背くことを勧めることはできないから、現金供与が認められない地域で効果的な協力者を得たいなら、その地域の法に触れない方法を見つけた方がよい。

協力者に金銭的な謝礼を支払うことが倫理上不適切とされる場合もあるようだが、だからと言って利用しない理由にはならない。営業マンがもっと客に他の客を紹介してもらえるよう頼めば売上げが伸びるのに、と営業マネージャーがこぼすのをよく聞く。これについて言わせてもらおう。

顧客に紹介を依頼することは、その客本人を喜ばせることになるのだ。つまりこういうことだ。人はたいてい誰かの役に立ちたいと思っているから、得をした買い物や親切な営業マンのことを人に教えたがる。客によい対応をすれば、あなたのことを友達に喜んで話してくれる。その友達が買えば、最初の顧客は友達の役に立てた、といい気持ちになれる。また、誰でも時々は自慢話をしたくなる。得な買い物をした話をすればその欲求は満たされる。自分の勧めで友達が買えば、自分の判断の正しさに自信を深める。考えてみれば、誰でも医者、歯医者、床屋、ペンキ屋などが気に入れば、同じことをしている。だから、顧客開拓を手伝ってほしいと頼むのを躊躇する必要はない。互いが得することなのだ。

床屋に自分の宣伝をさせろ

私がよく協力者になってもらうのは床屋だ。彼らは客とよくおしゃべりする。うるさがる人がいるほどだ。それはさておき、私は毎回自分の営業エリア内の違う床屋へ行くようにしている。そうすることで、いくつもの床屋を回って新しい協力者を見つけたり、ハッパをかけたりすることができる。

最初に床屋ですることは、近所のアートショップで作ってもらったPOPを持っていく。それは「町一番のお買い得車のご用命は私まで」と書いたカードを小さなイーゼルに立てたものだ。これを床屋に提供し、二五ドルの報酬の話をして、名刺を一束置いていく。POPにシボレーの名は出さない。それどころか、床屋には、他のメーカーの営業マンが来店したら、私のように二五ドルの謝礼を払う気はないかと聞いてみるように勧めている。彼らの名刺ももらうようにと。

そうすれば、POPに気づいた客に声を掛けられたとき、床屋は希望の車を尋ねることができる。客がビュイックと答えたら、ビュイックの営業マンの名刺を渡す。フォルクスワーゲンでもフォードでも同じだ。私は床屋に、その気になれば小金を稼げる副業をやらせてあげているわけだ。そして私も、かけたコスト以上の利益が得られるのだ。

私はたくさんの床屋を相手にこれをやってきた。行く先々でやっている。しかし、誰でも彼でもというわけではなく、この手は今のところ床屋にしか使っていない。しかし、聞けば驚くような人が二五ドルで力になってくれる。

近くに大手製薬会社があり、医師が多く働いている。その中の何人かが私の協力者で、私の名簿の中でも最も生産性の高いグループに入っている。

彼らは自分の仕事で高収入を得、同僚も高額所得者で、他の医師や病院関係者とよく話す。自動車も数台持っていることが多い。それだけでなく、よく会議やフォーラムに出席して大勢の同業者や業界関係者にも会う。巨大で裕福な業界だ。それに加え、医者も少なくとも他の人と同じくらい金儲けに熱心なのは事実だから、私にはたくさんのおまけのビジネスが舞いこんでくる。

頼もしい協力者たちを使う

協力者を見つけるもう一つの重要なソースは、銀行、信販会社、信用組合だ。人が車を買うためのローンを承認する立場にある人たちだ。ローン関係者の給料はあまりいいとは言えない。むしろ、金を扱い、人に大金を貸す仕事の割にはお粗末な報酬だ。だから、私から一件あたり二五ドルの臨時収入が得られれば、喜んでくれる。

私はこういう人たちを狙う。ときには、私の客が車を買うときに持参する小切手やローンの承諾書に書かれている名前を見てアプローチすることもある。

車を売った後、銀行か融資会社にいるその人に電話し、「アル・ロビンソンさんにたった今モンテカルロをお買い上げいただいた者です」と名乗り、「このたびはお世話になりました」と言う。この後、彼を昼食に誘う。彼の会社がどこにあっても関係ない。その日、ちょうど近くへ行く用事があると言い、その近辺で知っている中で最高のレストランを選び、会う約束をする。

かまうものか。昼食代に二五ドル、場合によっては五〇ドルかかるとしてもそれが何だというのか。これは営業費だし、もしこの昼食で一人でも顧客を獲得できたら惜しくない金だ。

レストランで彼と会ったら、食事をしながら私は一通り説明する。私から車を買ってくれた顧客の持参した名刺の裏に名前が書いてあったら、その紹介者に一件につき二五ドル払うと話す。もしくは、これから会いに行く人は私の紹介だ、と電話をかけてくれるだけでもいい。相手には私の実績も話すから、私に大勢の満足客がいることもわかってもらえる。それと、私がたいていい人よりもいい条件を出せることもわかってもらう。こうすると他の営業マンが出した条件と競争する機会を作ってもらえる。

仕組みはこうだ。他のディーラーで車を買おうとしている客が銀行にやってくる。ローンを申し込みたいという。私の協力者である融資係は取引総額を見て席を外し、隣の部屋で私に電話をかける。その客が買おうとしている車種、オプション品、価格を私に教える。私はすばやくそれより値引きできる方策を考える。その客が払おうとしている金額よりも五〇ドルほど下回る数字を出すように努力する。

さて、五〇ドル安い価格が出せたとする。その数字を融資係に伝え、在庫があるから今すぐ用意できると言う。彼は商談室に戻り、顧客に私が同じ車を五〇ドル安く提供できることを話す。もしその差が二五ドルだったら、私に鞍替えする気にはなれないだろう。すでに手付金を、例えば一〇ドルか二〇ドル払ってしまっているかもしれない。しかし、五〇ドル安く買えるなら、その手付金を失ってもかまわないと思うはずだ。それよりちょっとでも少なかったら、わざわざ私の所へ足を運ぼうとは思わないだろう。一方、融資係はこの人を紹介すれば私から二五ドルもらえるから、私の店や私がいかに信頼できるかを説明し、一生懸命に説得してくれる。

私は、融資係との話を終えたらすぐにその客が買おうとしている車に一番近い車を在庫から探す。全く同じものが店にあればそれを押さえ、なければ別の店から取り寄せる。それを洗車に回し、納車の準備をする。顧客が来店するときには、必要な額のローンが下りていることはわかっている。

融資係を協力者にしたことによって、自分だけでは絶対に見つけることのできない顧客を紹介してもらえるようになった。彼は、別の営業マンの手に落ちていた顧客を私に回してくれた。彼は自分のローン客に金を節約させてあげることができ、彼自身も二五ドル儲け、私には到底得られるはずのなかった顧客を与えてくれた。謝礼を払い、値引きをしても、まだコミッションは残る。この売上げで私の取り分がたったの五〇ドルだとしても、他の方法では絶対に得られない五〇ドルだ。

それは降って湧いた金、天から私の懐に降ってきた金だ。どうだろう。このおまけの収入を私がどうやって作り出したか考えてみてほしい。そしてあなたのビジネスでなら何ができるか、考えてみてほしい。

他にも私が協力者を見つける方法や場所には次のようなものがある。

私はガソリンを入れるとき、なるべくスタンドの従業員とも話をするようにしている。修理もしているところならなおさらだ。彼らは買い替えの必要な車をたくさん見ている。車を修理に持ちこんだ顧客が、修理に相当な金額、例えば五〇〇ドルくらいかかると言われたら、直すぐらいなら新しい車に買い替えようかと考える日は近い。

もし、この顧客が修理を見合わせると言うのなら、たぶんもう新しい車を買う気になりかけている。修理担当者の一言二言があれば、私の名刺を持って私を訪ねる気になるはずだ。顧客がすぐに修理をしないのであれば、その人を私に紹介しても整備士は何も失わないし、得られるはずのなかった二五ドルを稼げるかもしれないのだ。

レッカー移動業者や板金塗装業者も協力者を探すのに最もよい職種の一つだ。全壊した車や廃車になった車をたくさん知っている。持ち主は新しい車を買わなければならず、保険会社から金が支払われる可能性もある。損害保険の申請や営業の担当者も協力者として適している。大破した車をよく知っているからだ。私は努めてこういう人々とのつながりを作るようにしている。もちろん、私に顧客を紹介してくれる最良のソースだからだ。

協力者へのフォローアップ

つながりができ、謝礼について説明し、名刺の束を渡した後も、連絡が途絶えないようにしなくてはいけない。あまり忙しくなく、時間があるとき、私はたいてい協力者ファイルを見て、顧客を紹介してくれていない人をチェックするようにしている。

電話をかけ、世間話をしてから、最近二五ドルの小切手を送ることがないが、どうしてなのかと尋ねる。ただ忘れているだけかもしれない。協力者になったばかりの人は、まだ私から車を買うように人に勧めることが習慣になっていないのかもしれない。

協力者の中にはコンスタントに見込み客を紹介してくれる人たちもいる。彼らはそういう機会に敏感なのだ。逆に、最初にハッパをかけないとだめな人や、いつまでも突っつかないとだめな人もいる。

問題は、私からその二五ドルをもらうために、タイミングよく反応することを簡単に習慣にできる人と、それが難しい人とがいることだ。新しい習慣はいきなり身につくものではない。私も、顧客を紹介してくれそうな人を見極める力をつけるのに時間がかかった。

私はどこにいても常に人を探している。そうするように自分で習慣づけたからだ。仕事が終わった後にスポーツクラブに通っているが、ロッカーの管理人やマッサージ師にも私が何の仕事をしているか教え、名刺も何枚か渡してある。ここではさほど大げさにはしていないし、協力者を通さなくても他の会員が顧客になってくれる。しかし、常にチャンスをうかがうことが大事だ。また、ときには予期しないチャンスが訪れることもある。

ある日の午後、電話がかかってきて、ある自動車の値段が知りたい、と言われたとしよう。こういう電話への対処の仕方は営業マンが十人いれば十通りある。

私はたいていその場で値段を教える。営業マンによっては、実際に販売できる価格よりも大幅に安い値段を言って顧客を来店させようとする人もいる。それは単に顧客が他の店に行かないようにするためだ。そして、顧客が来店すると、営業マンは別の車種やオプション品を勧める。いざとなればあの見積額はどうしても上司が飲んでくれないと言って、不足額を払わせようとする。

私はそのやり方を認めないし、ちゃんとした営業マンなら誰も認めない。いいやり方だとは言えない。たとえその営業マンが売ることができたとしても、客はだまされたと感じるだろう。買わなかった人からは詐欺師だとして見かぎられる。そうなると少なくとも二五〇人から悪人だと見なされることになる。

私は電話を受けたら、正当な値段を伝える。こういうときの値段の幅については別の章で取りあげる。しかし、ここでは、営業マンが見込み客に提示できる見積もりには非常に大きな幅がある、と言っておく。それは信じてもらってかまわない。なぜなら、車種やオプションやその他の価格要因がいくつもあり、それぞれ価格が違う何百、何千もの組み合わせが考えられるからだ。

もちろん、そのような電話を受けたら、来店してもらえるような値段を答えたい。もし相手がエアコンやマグホイール、最新式ステレオなどに触れなければ、それらを含めない車の見積もりを伝える。私もそういう付属品のことは話さない。実際に売りわたすことができる車について、できるだけ低くかつ正当な見積額を出したいからだ。

また、なるべく長く電話につなぎ止めて、すでに他を回ったのかどうかや、彼の職業を聞き出し、ローンの難易度を予想しておく。そして、自分や店にとってこの顧客が、取引する価値があるかどうかを見極めようとする。

仕事上、毎日大勢の人と話す人なら誰でも協力者になれる。だから、そういう人たちを昼食に誘うよう気を配っている。すると後々まで覚えていてくれる。彼らが自分では行けないようなところに連れて行けば、大喜びしてくれるが、こちらは一〇ドルないし一二ドルの控除可能な費用を負担するだけだ。

私はそれ以上のこともしている。彼らを迎えに行く前に高級ウィスキーのハーフガロン瓶を車の後に積んでおく。車で送った後、別れ際にそれを取り出してみせ、「これは、いただき物なんですが、あまりカナディアンウィスキーは飲まないものですから、ご迷惑でなければどうぞお持ちになってください」と言う。彼は私の説得を聞きいれ、そしてその大きなボトルから酒を注ぐたびに、私の名前と仕事と、私が彼の役に立てることを思い出すのだ。

私は、協力者を使い始めたばかりの営業マンが愚痴を言うのをよく耳にしてきた。一人はこう言った。「名刺を配りはじめてから一カ月経ちますが、まだ一人も紹介してもらえません」

私の答えは決まっている。焦ることはない。種はまいた。まき続けていればそのうち山ほど収穫できる。私は昨年、協力者を通じておよそ五五〇台売った。これは、営業マンにとって年間販売の総数にしても喜ぶべき数だ。そして、協力者に配った名刺に始まり、口コミを通じて買ってくれた客は数知れない。続ければそのつながりはどこまでも広がる。

しかもコストはないも同然だ。なぜならすべてがおまけのビジネスだからだ。

勝ち続けるために

二五ドル出せば、何十倍にもなって返ってくる。
しかし、出さなければ何も返ってこない。

第11章

計画と実行の営業法則

クロージングよりも大切な原則

営業の研修で必ずと言っていいほど聞かされたお決まりの標語がある。今でも言われているかもしれない。

それは「計画を立て、立てたら実行せよ（Plan your work and work your plan.）」だ。

私自身も百回は聞いた。自動車販売に携わるある年代以上の人なら誰でも、最低それくらいは耳にしているはずだ。何度もしつこく言われるので、冗談の種にされるほどだった。

私がこの仕事を通して気づいたことを言わせてもらえば、実は、これほどいいアドバイスはない。この標語の難点は、巧みな表現で口調がよすぎる上、あまりに聞き古されたために意味をなさなくなってしまったことだ。しかし、この標語が意味していることは、今でも最高のアドバイスだと思う。これは本来、二つのことを言っている。

第一に、自分自身や自分の行動は、自分でコントロールしなければいけないということ。つまり、偶然に頼っていてはいけないということだ。例えば、次は自分が接客する番というときに、誰でもいいから店に入ってくる客を待つというのもそうだ。**第二に、何をすべ**

きかを判断してその通りに動けば、ビジネスはおのずとついてくるということだ。

これまで名刺やダイレクトメール、協力者による紹介、売り込み電話について述べてきた。しかし、営業と聞いてほとんどの人が思い浮かべることについては、まだほとんど触れていない。見込み客と対面できた後の営業トークについては、まだほとんど語っていないのだ。このテーマに関してはこの後の数章でたっぷり説明する。

しかし、本章で読むのをやめてしまっても、これまでに紹介したことを実践すれば、扱っている商品が何であれ、売上げを大きく伸ばすことができる。

その理由はいくつかあるが、一番大きな理由は、あなたを指名して来店する顧客が増え、あなたの訪問を待つ見込み客が増えるからだ。たとえプレゼンテーションやクロージング技術が人並み以下でも、これまでとは比べものにならないほどの成績を上げられるようになるはずだ。

今のクロージング技術でも、もっと売れる

これまで種をまいて収穫する話も、観覧車の席を埋めて空ける話もした。ビジネスにおける勝算や確率にも触れた。だから今さら疑問を挟む読者はいないと思うが、今まで通りの接客しかできなかったとしても、接客そのものの回数が増えればもっと売れるというこ

とだ。要するに、量の問題なのだ。

私は大真面目だ。毎日倍の顧客がやってくれれば、今までの倍売ることができる。成約率が五〇パーセントの人は、一日に二人の客があれば、毎日一件の売上げがある。簡単な計算だ。高校を出ていなくてもそれくらいはわかる。では今度はもっと大きな数字を考えてみよう。一日に来る客を四人に増やせたとしよう。今までと同じように接客していたら、買ってくれる客も今までと同じく、その半分だけだ。だが、今度は一日二件の売上げになった。これでもう今までの倍の営業成績だ。

私がふざけているように思うかもしれないが、そんなことはない。もう一度繰り返すが、大真面目だ。思い出してみるといい。誰かが店に入ってくるのや、引き合いの電話がかかってくるのを何もせずにただ待ち続け、いったいどれだけの時間を無駄に過ごしてきただろうか。

今まではそういうものだと思っていたかもしれない。自分の売上げはせいぜいこんなもので、よっぽどの運が回ってこないかぎり、これ以上は望めないと。だが、ときには連続きの日もあったはずだ。店に絶え間なく客がやってきてはいつもの倍買っていってくれた、何もかもがうまくいった日が。自分でも驚いて、このまま続いてくれれば、と思ったのではないだろうか。

では言うが、それは「可能」なのだ。あなた目当てに来店する顧客は確実に増やすことができる。それで客が今までと同じ確率で同じ金額しか買わなくても、いつもの売上高と比べたら、永遠に連勝が続くようなものだ。どうやってクロージング率を上げるかは、これとはまた別の話だ。その話は後で少し触れることにする。

しかし、この前半がうまくできれば、つまり自分に会いに来店する顧客を増やすことができれば、あとは大した問題ではない。そのためには、あの使い古された標語を思い出して実践することだ。「計画を立て、立てたら実行せよ」。Ｄｏｉｔ！　実行あるのみ！

一日なら捨ててもよいが、「二五〇人」を失ってはいけない

要は、いい仕事をするには、まず何をするべきか決めることだ。それを毎日やる。毎朝時間をとって、その日にすることを必ず考える。そうすべきなのではなく、そうしなければならない。そして決めたら、必ず実行する。

私はがむしゃらに働くことの素晴らしさを説くつもりはない。がむしゃらに働くことがいいことだとは決して思わない。私は、仕事は上手にしたほうがいいと思っている。賢くやるのがいい。仕事は無駄なく、きちんと成果を出すようにすべきだと思っている。

だから毎朝、その日にやるべきことを決める。最初にスケジュール帳を見て、すでに入っている予定をチェックする。

ただし、仕事のスケジュールについて一つ断っておきたいことがある。私は朝目が覚めて、なぜか気がめいってどうしようもないときは、思い切って仕事を休むことがある。ほかにも、窓から外をのぞいたら天気がとてもよかったから今日は船に乗って出かけよう、と意を決するときもある。何度もあることではない。年に一度か二度だ。

ビジネスで成功したかったら仕事をするな、と勧められるわけではないが、今日はどうやっても仕事に身が入らない、とわかるときは誰にでもある。そんなときに仕事に行っても、大きな失敗をしでかすか、客とけんかして結果的に二五〇人を敵に回すことになりかねない。

どうもそういう一日になりそうだと思ったら、仕事に行かない方がいい。人と会う約束があったらキャンセルし、ゴルフでも映画でも競馬でも、何でも自分が楽しめることをやることだ。仕事がうまくいって儲かったり、顧客が喜んでくれたりするのが楽しくない、という意味ではない。ただ、その午前中でも午後でも丸々一日でも、仕事に行けば周囲に迷惑をかけるのがわかりきっているときは、行かない方がいい。仕事場には不快な気持ちを一つも持ちこみたくない。そういうことは人にも伝染するからだ。

その気持ちが一日経っても消えなかったら、私には解決できない問題があるということだ。けれどもめったにはないことなら、その日一日の過ごし方を変えてみてはどうだろう。ただし、落ちこんでいる原因が前日の仕事の失敗だったら話は別だ。それが原因なら、私の経験から言えば、一番の良薬は、失敗を取り戻す策と決意を持って仕事に出かけることだ。

仕事がうまく行かず納得できない気持ちが残ったとき、それを解消する確実な方法は、その日を振り返り、なぜそうなったのかを突きとめることだ。私は仕事をした日は毎晩そうしている。その日にあったことを頭の中で再現し、成立した商談、しなかった商談を一つ一つ検証する。私だって会った人すべてに売れるわけではない。だからこそ会う人の数を確実に増やすために、これだけ努力もし、金もかけているのだ。

検証するのはその日に会った顧客すべてとのやりとりだ。あのとき最後の決め手になった言葉は何だったか。イーストデトロイトから来た客が買わなかった本当の理由は何だったのか。冷やかしに来ただけだったのか。それは自分の失敗の言い訳をしているだけなのだろうか。

こんなふうにその日の顧客毎の分析を始めた当初、自分の落ち度が見つからないと、逃した顧客に電話をすることもあった。電話では名前を名乗り、電話をした理由を述べる。人は総じて他人の役に立ちたいと思っているものだ。私は自分が仕事を覚えようとしていること、失敗から学びたいと思っていることを告げる。

するとだいたいの人は、自分は昔からフォード派だとか、プリマスびいきだと言う。そしてシボレーも参考になることがあるかもしれないから見に行っただけだという答えが返ってくる。ということは、つまり私の売り込み方が足りず競合品に負けてしまったということかもしれない。他の店の方が安かったから、と言う客がいたら、どんなオプションを付けたか、下取り価格がいくらだったかなどごく細かいところまで聞き出す。

営業マンは、提示価格をある程度自分で決められるようになると、欲張りすぎてほんのわずかな値引きやおまけが最後の一押しになることを見抜けないことがある。

ちなみに、毎日の反省を怠らないのは私だけではない。歴史的人物の中にはこれを日課として続けたおかげで成功できたという人もいる。時間はたいしてかからないが、その効果は絶大だ。是非、やってみてほしい。

私は、自分が顧客に対して感じたことと、相手が私からではなく、よそで買った理由として挙げていることを、いつも比較するようにしている。営業に失敗した場合は特にそうしている。自分自身や自分の気持ちや反応を実際以上によくわかっているつもりになっていることがある。それに、自分を知る上で、自分の見方と取引相手の見方との違いを理解することほど大事なことはない。

それは相手と敵対する立場に立ってはいけないからだ。あなたと顧客との距離を縮め、最終的にはなくしてしまうことが必要なのだ。両者は同じ側に立たなければならないし、どんな方法であれ、その舵取りはあなたがやらなければいけない。

逃した相手を知ることが勝利につながる

しかし、私は営業に失敗したときは、どういう場合でもその理由を知りたい。「ちょっと見ていただけなんです」という答えでは納得するわけにはいかない。なぜなら私の時間を使い、自分の時間を使ってわざわざ店まで足を運んできてちょっと見ている、というのは、半ば売れたようなものだからだ。だから、なぜ最後まで詰めきれなかったのか、その理由を知りたいと思う。

おそらく自動車販売全体の九五パーセントについて、次の法則が当てはまると思う。もちろん他の商品の営業でもほとんど当てはまると思う。その法則とは、**「見ているだけ」の顧客はほとんどの場合、買うだけの興味を持ってきている**ということだ。

だからいつも「見ているだけ」にさせておいたら、せっかくのチャンスを生かしていないことになる。そして、売り込んでみたが失敗した、というとき、「見ていただけ」を言い訳にしてはいけない。接客の内容を分析して、なぜ顧客を買う気にさせることができなかったのかを見つけることだ。なぜなら、やはり自分の失敗だった可能性が高いからだ。

これは前向きというよりむしろ後ろ向きな考え方に思えるかもしれないが、そんなことはまったくない。こう考えればいい。会った顧客全員に売れるはずだと考えることはこの上なく前向きなことだ。もちろん現実にはできるものではない。それでも、そういう心意気を持つことは非常に効果的なことだ。逸した販売チャンスをすべて分析しようという気になり、次に同じ状況になったときにその失敗を生かすことができるようになる。

「見ているだけ」の客は、あなたを恐れ、口車に乗せられてお金を出してしまうことが怖い、と言っているのかもしれないのだ。私は営業の現場は戦いであり、競争であり、駆け引きだと言った。しかし、実際にそれを態度に示せとは言っていない。

顧客と格闘しても怖れを取り除くことはできない。そうではなく、**いったん客を前にしたら、最も効果的なのは「客にさせる」のではなく、「客のしたいようにさせる」ことだ。**見たいときは見せ、相談したいときは相談に乗る。客は気兼ねなく買い物をし、なんなら店を出ていってもかまわないということを理解すれば、最初に感じた警戒心はなくなる。それはあなたにとっても好都合なはずだ。

私のように自動車を数多く売りさばける人は、相当高圧的な営業マンだろうと言われることがある。高圧的というのは、むりやり人に買わせるという意味だと思うが、私の場合は、買いたい人が買っていく。私は、営業で非常に重要な決め手となるのは、営業マン自身が顧客に気に入られ、信用され、信頼してもらえるかどうかだと思っている。これができなかったら、おそらく営業も失敗する。

人に気に入られるようになるのは結構難しいことだ。だが、話し方や行動次第であなたにもできる。私がナンバーワンになれたのは、この信念があったからだと思う。だから営業で大きく稼ぎたいと思うなら、この信念を自分のものにすることだ。**顧客に無理強いするのではなく、自発的に買いたいと思わせる**ことだ。

一日の計画を立てることの中には、仕事に向けた姿勢づくりも含まれている。気分が落ち込んでいるときでも普通は仕事を休めない。こういうときは、その嫌な気持ちを自覚して、それと向き合わなければならない。無理にぬぐい去ろうとしなくていい。そうすれば顧客と会うときや電話で話すときにその気持ちをいったん忘れることができる。

しかし、まずは自分の感情をきちんと把握することだ。それがわからないとどう対処し、心づもりをしていいかわからない。自分の内面をコントロールできないまま人に接したら、最初から不信感を持ってやってくる相手にその不快感は間違いなく伝わる。

毎晩、その日を振り返ると、自分の言動が本当によく思い出せるものだ。私は、「また来る」と言って帰ってしまった客など、逃がした営業については何も打つ手がなかったのだと納得してからでないと眠らないことにしている。

ところで、「また来る」と言って去った客のことはその場で忘れることだ。私は顧客かどうかを見極め、いったん見込んだ客を離さないことにかけては自信があるが、相手に「また来る」と言われたら、もう二度と戻ってこないものと思っている。なかには正直な人がいて本当に戻ってくる人もいるにはいる。しかし、「また来る」と言う客を当て込んで売上予測を立てている営業マンは、まだ自分をごまかしている未熟者だ。

アプローチの仕方を変えろ

誰も認めたくないことだと思うが、一つ気づいたことがある。自分が買わせることのできなかった顧客も、別の誰かなら買わせられるかもしれないということだ。企業の中には、顧客を完全に逃す前に、必ず別の営業マンにバトンタッチするよう指導しているところも多い。

私は自分が誰よりも優秀な営業マンだと思いたいが、完璧な人間などいないことも確かだ。だから他の営業マンに代わってもらうのも一つの手かもしれない。

しばらくの期間、私は店の他の営業マンに頼んで、一〇ドル払う代わりに、彼らが販売できなかった顧客を回してもらっていた。もちろん、その全部には売れなかったが、何人かには成功した。だが、元の営業マンが、私が多額のコミッションを稼いだのに自分は一〇ドルしか受けとっていないと腹を立てたので、途中でやめてしまった。自分たちが手放した客なのに、その客に対する権利を私がたったの一〇ドルで独り占めするのが許せなかったようだ。結局コミッションを折半しろと要求してきたので、このアイデアはもう捨てることにした。

これと似たことをやろうとしている人は、事前に取り決めを十分に徹底させてからやった方がいい。しかし、やってみることはいいことだと思う。帰ろうとしている客に売り込むわけだから、これ以上に営業テクニックを磨ける場はないだろう。それにこういう客が一転して買ってくれたときほど気分のいいことはない。

ある意味では、販売スキルを試す最高のチャンスだ。だが、やってみる前に、同僚の営業マンの手口をよく知っておかなければならない。そうすれば、前の営業マンとは違う方法を試みることができる。

他の営業マンが試したことを繰り返しても意味がない。アプローチの仕方を変えるべきだ。もちろん、単刀直入に前の営業マンに対してどんな不満を持っていたかを尋ねることが効果的なときもある。同僚をけなすのはよくないが、そういう質問をすると、相手の役に立とうとしていることが理解され、警戒心を解いて買う方向に傾いてくれることもあるのだ。

これまで書いてきたように、営業マンにできる一番重要なことは、とにかく顧客と向き合える状況を作り出すことだ。そのためには計画が必要だ。そして計画を立てるには、有望な見込み客は誰で、どうしたら効率的かつ経済的にアプローチできるかなど、さまざまな決定を下さなければならない。

見込み客の開拓にかける費用も定め、開拓できたら顧客の潜在的価値を見極めなければならない。しかし費用と価値は、必要な作業にどれだけ時間がかけられるかによる。

空き時間がたくさんあるとき、電話でのやりとりが得意なら、過去の顧客に集中して電話をかけるのが一番経済的なやり方かもしれない。「また来る」と言っていた顧客も、名前と番号が聞き出せたなら、電話してみてもいいかもしれない。

電話は効果的な方法ではあるが、一回あたり、一顧客あたりの時間が長い。まとまった時間がとれないという人は、やはりダイレクトメールを少しずつでも出すのが空き時間の有効な使い道だ。ショールームで次が自分の番というときに客が来るまでの間を埋めるにはうってつけの作業となる。客が来店したらすぐに中断することもできる。

営業マンにとってハプニングは日常茶飯事だ。だから、すべてがきっちり行くはずがない。明らかにもっと生産的だと思えることが出てきたら、柔軟に計画を変更すべきだ。

絶えず仕事があり、絶えず見込み客がやってくるように立てた計画が役に立つのは明白だ。しかし、後で計画を変更せざるを得なくなっても、そもそも計画があれば意気込みが違ってくる。出社したときに、その日にやろうと思っていることがはっきりわかっていたら、張りきって仕事をしようという気になる。成り行き任せでなどいられない。

思考を変えるよりも、計画を変える

自分に言い聞かせるとやる気が出る言葉やマイナス思考を解消する言葉というものをいろいろと教わってきたことだろう。それが効果があるというなら、とやかく言うつもりはない。しかし、**私自身の経験から言えば、毎朝立てる計画以上に一日の最初の売上げをもたらしてくれるものはない。**なぜなら、朝、家を出るとき、どこへ向かい、何をしなければいけないかが自分でよくわかっているからだ。

会社に着いた途端に計画ががらりと変わってしまっても問題ない。私が目的意識と、ちゃんとした理由があってそこにいるのだという確信を持って仕事に来たことに変わりはないからだ。それが仕事の計画を立てる最大の理由だ。たとえ計画が全部その通りに運ばなくてもいいのだ。

計画とは、一日の最初の一歩を踏み出し、最初の売上げへと駆り立ててくれるものだ。営業マンなら、その日初めての売上げがどれだけ重要かわかるはずだ。その嬉しさも知っている。そして、いい時に、いい会社で、いい仕事をしていると実感できることも。「毎日その日の仕事の計画を立て、可能ならその計画を実行すること」。時代遅れの古くさい標語かもしれないが、今日においても、われわれ営業マンにとっていかに価値のある言葉か納得してもらえたと思う。そして一日の締めくくりとして、その日に行ったことをすべて振り返り、計画はよかったのか、実行可能な計画だったのか考えよう。

やろうとしていたことができなかった日が続いても、自分を責める必要はない。欲張っていろいろやろうとし過ぎていることが問題なのかもしれない。

楽にやれと言うつもりはない。営業マンは概してよく働いている。しかし、前にも言ったが、要はいかにがむしゃらに働くかではなく、いかに賢く働くかだ。つまり、電話を一〇件かけようと決めていたのに、五件しかかけなかったとき、その五件については計画した通りの成果が上げられたか、ということだ。一日の終わりに自問すべきなのは、そういうことだ。

それがプロとしてのモチベーションの高さ、仕事の能力を図る本質的な問いなのだ。

勝ち続けるために

仕事を計画し、計画を実行せよ。Ｄｏ ｉｔ！

第12章

「正直」よりも大事な営業の原則

嘘と正直は度合いの問題

私が、「正直であることが最善の策」と言えば、その通りのことを意味している。正直であることは一つのテクニックであり、だいたいにおいて最善策だ。ただし、それは「法律」や「ルール」とは違う。それは、ビジネスにおいてそれが自分にとって一番有益となる場合に用いるものだ。

もちろん、本当のことを言うのがふつう一番自分のためになる。顧客が後で本当かどうかがわかることならなおさらだ。分別のある人なら、八気筒だと言って六気筒の車を売ろうとは思わない。そんな営業マンは、客がボンネットを開け、ディストリビューターキャップにつながっているプラグコードを数えた途端にアウトだ。なぜなら、この客は二五〇人どころかもっと大勢の人にこの営業マンの悪口を言うからだ。

しかし、そういう話とは別に、客に本当のことを話さない方がいいかもしれない、と思うときがある。客が電話で、特定の車種や装備の車があるかどうか問い合わせてきたとしよう。私はどう答えるかというと、ご想像の通り、次のように答える。

「店にありますから、今日そのまま乗って帰れますよ」

本当のことを言っているかもしれないが、そうでないかもしれない。在庫をチェックせずに言っているからだ。それは相手を来店させるためだ。私がいるディーラーは在庫が豊富だから置いてある可能性はある。それに、なかったとしてもすぐに手配はできる。このエリアの店舗同士は在庫車を都合しあうようになっており、エリア全体で一つの在庫を共有しているようなものだからだ。

だが、他の装備は全部希望どおりそろっているのに、唯一プッシュボタンラジオだけがついていなかったらどうするか。あるいは、希望のラジオつきの車はあった(または手配できる)ものの、ボディーカラーがパウダーブルーではなくグレーだったら? 私はどれだけ嘘をついていることになるのだろうか。せいぜい、ほんの小さな嘘だ。どっちにしろ客が来店して文句を言ったら、在庫リストの記入ミスのせいにしてしまえる。

自動車を買いたい人はだいたい今すぐ買いたいものだ。私も今すぐ売りたい。客の希望どおりの車を特別注文すると、一カ月かかる場合がある。それに、欲しいと思っている車のディテール全部に一カ月待とうというほどこだわる人は少ない。色も何十とあるが、どれも人気のある色だからこそメーカーも出しているのだ。そう考えると、私はこの顧客の望みを結構かなえていることになる。

肉屋でサーロインを五〇〇グラム注文して、それが四九〇グラムか五一〇グラムになっても、多く払わされているのではない限りわざわざ文句は言わないものだ。

嘘をつくことを勧めているわけではない。正直が一番だと本当に思っている。けれども、正直も度合いの問題だ。白黒つけられるものではないのだ。

妻と子供を連れて来店した客に、「かわいいお子さんですね」と言う。本当にそうなのだろうか。それとも嘘だろうか。その子は人類史上最もかわいくない子供かもしれないが、買ってほしいと思っていたら、絶対にそんなことは口にしないはずだ。

男性客にコートを売ろうとしている営業マンは、客が今着ているコートを見て、「ずいぶんご愛用なさったのですね」とは言っても、「そのコートは一〇年も前のデザインだし、肘が擦りきれる前に捨てるべきでしたね」とは、内心思っていても言わないだろう。

客の持ち物をほめれば、商品も気に入ってくれる

ここまでは、わかりきった話かもしれないが、私は営業マンが、本当のことを言ったばかりに客を怒らせ、商談を台無しにするのを見てきた。相手を思いやった小さな嘘がつけなかったのだ。

客に下取り価格を聞かれ、ある営業マンはこう答えていた。「あのオンボロですか」

その車はタイヤの溝がなくなり、スペアタイヤもなく、燃費もディーゼル車より悪く

なっていたかもしれない。バスケットボールの試合が終わった後のロッカールームのような臭いがしたかもしれない。

だが、それは客の車だ。それにその車のおかげで買いに来てくれたのだ。彼はもしかしたらものすごく愛着をもっていたかもしれない。そうでなかったとしても、自分が言うならともかく、人に言われるのは腹が立つ。そんなことを言ったら客自身を侮辱することになる。

だから、ちょっとだけ嘘をつく。その客には、二〇万キロも走れたのは上手に運転したからでしょう、と言ってみる。すると相手は気分が良くなって、本来の査定額を言ってもあまり文句も言わないかもしれない。

私が言いたいのは、**人は半分嘘だとわかっていてもほめられるのが好きだ**、ということだけではない。それより重要なのは、お世辞のおかげで場の雰囲気が和み、客の警戒心が解かれることだ。お世辞は、奥さんの洋服のことでも、子供のかわいらしさでも、なんなら客のかけているメガネのフレームのことでも、何でもいいのだ。

そのちょっとした一言で、最初はあなたに金歯まで持っていかれるのではないかと思っていた客に恐れを忘れさせることができる。これはいわば陽動作戦だ。相手が反応しなくても、少しでも効果が表れるまで続ける。ほかにも話題の種になるものはあるが、それはまた後ほど紹介することにする。だが、他の話ばかりに夢中になって、相手が何をしに来たのか忘れるようでは困る。客は忘れてもいいが、あなたは一秒たりとも忘れてはいけない。

営業の場ではあなたは役者だ。これを常に念頭に置くこと。役者にとって一番大事な資質は間合いだ。しかし、それを身につけるには努力が必要だ。私は週末に出かけたくなると、よくラスベガスに行く。その理由は二つある。一つは、ギャンブルをするのはそこだけと決めているからだ。勝つことは期待していないし、負けて困るほどの大金も賭けない。もともと勝算が低いことも承知している。それでも楽しい。

ラスベガスへ出かけるもう一つの理由は、世界屈指のコメディアン、ドン・リックルズのショーを見て勉強するためだ。彼の間合いの取り方、顔の表情、そしてあの有名な悪態。私が顧客に悪態をつきたいわけがないが、彼が観客の一人をいったんこき下ろし怒らせた後で笑顔に変えるところが見たいのだ。怒りを笑顔に変える、というのは営業マンのやっていることに似ている。われわれの仕事は、恐れを信頼に変え、ノーをイエスに変えることだ。

商談の間、客に信用されたいし、帰った後もその信用を持ち続けてほしい。だからこそ後で気づかれる可能性のある大きな嘘は絶対についてはいけないのだ。客があなたの話を信じたせいで友達や親戚から笑い者にされることがあってはならない。彼が後で恥をかくようなことは決して言ってはいけない。さらには、彼が後で恥をかくことになる行動をとりそうに思えたら、それを止めなければいけない。

商売では本当の値段が、値札に書かれている値段とは大きく異なることが往々にしてある。自動車の場合、新車の窓には必ずステッカーが貼られ、その一番下にメーカー希望小売価格が表示されているが、たいていの人はその価格よりも実際は安く買えることを知っている。

たしかにコルベットのようになかなか手に入らない車は、表示価格でも売れる。キャデラックのコンバーチブルや輸入車の多くもそうだ。しかし、国産車のほとんどは表示価格よりも安く買え、今言ったように、ほとんどの人がそれを知っている。

だが、なかには知らない人もいる。特にカーディーラーが一、二店しかなく、値引きが慣例になっていない田舎町から来た人などがそうだ。そのなかには来店して車を見て、表示されている価格をそのまま小切手に書き込もうとする人もいる。別に悪いことはないだろう、と思うかもしれない。確かに悪くはない。値札にはそう書いてあるわけだし、値切り方がわからずにそのままの金額を払う人はたくさんいる。値切るのがどうしてもいやな人もいる。

それなら、その金を受けとっておけばいいじゃないか、と思うだろう。普通の商売ならそうする。しかし、自動車の世界では、特にシボレーのようにどこでも買える普及車を扱っている場合は、危険な行為だ。私と同じ考えの営業マンはあまりいない。しかし、定価で買ってくれるからといって、いつもそのまま払わせるのが正しい判断だとは思わない。

例えば、その客が車を買った後、組合の支部会に出席したとする。新しい車を買ったら誰でも友だちや近所の人たちに自慢したくなる。しかし、この客はどうか。彼はたった今、定価で車を買い、会議に乗りつけて駐車場に仲間を呼び、自分の新車を披露する。

すると誰かが「いくらで買ったんだい？」と尋ねる。彼が新車であることを見せびらかすためにわざと残しておいたステッカーを指さすと、相手は言う。「何だって？　いまどき新車を定価で買うばかがいるか！？」

そうなったとき、彼は私のことをどう思うだろうか。私にだまされ、私のせいで友だちや組合の仲間にばかにされ、恥をかかされたと思うはずだ。

小さなサービスは何倍にもなって戻ってくる

定価で売ったときにはコミッションもそれだけ多くなる。しかし、ほとんどの場合、これだけの危険を冒してまでもらうほどの価値はない。私なら、売上げを二、三〇〇ドル上乗せするチャンスよりも、その顧客の友情を獲得するチャンスをとる。

もし、彼が小切手に定価を書こうとしたときに私が「二五〇ドル引いた金額でいいですよ」とか「ドアトリムとスチールラジアルタイヤを五本お付けしましょう」と言ったら、私のことをなんていい人だと思うに違いない。そして、私のことを皆に話して聞かせるだろう。自分が小切手に定価を書きかけ、私、ジョー・ジラードが止めた話までするかもしれない。

あの表示価格は偽りのない真実だが、それが真実だからと言って客が信じるままにしていたら、その客との関係は取りかえしのつかないことになっていたかもしれないのだ。

私は自動車の技術屋ではない。高校を中退した身であり、通っていた頃も目を見張るような成績ではなかった。だから扱っている車の技術的な点についてはあまり深く入り込まないようにしている。二軸トレーラーや長距離輸送トラックを業務用に販売しているのとはわけが違う。しかし、ときどき技術的なことにこだわってやってくる客がいる。

例えば、車のリアアクスルレシオがある値だと燃費がいい、という情報を義理のお兄さんから吹きこまれてきた人がいる。それは私も調べたことがあるが、確かにほんのわずかだが燃費が良かった。だからもし、その車は三・二五か、と聞かれたら、「そうです。クルマにお詳しいんですね」と答える。

これには二つの効果がある。一つは、相手を持ちあげることができること。もう一つは、商談が中断されずに済むことだ。予備知識がなかったら、仕様書を調べたり、サービス部門か工場に電話して確認しないといけなくなる。

私は顧客が何か大きな違いが出るようなことを言いだしてきたら、必ず確認するようにしている。それは私が相手をだましているとは絶対に思われたくないからだ。もっとも、リアアクスルレシオのようなものはあまり問題にはならない。

しかし、ポリエステルのスーツをウール一〇〇パーセントだとは絶対に言わないし、冷蔵庫の容量が本当は五〇〇リットルなのに、六〇〇リットルだとも言わない。そういうことは、後で気づかれるからだ。

それに、人は後々まで覚えているものだ。客はだまされたことが恥ずかしくてとてもその話は人にできないかもしれないが、それ以外の何らかの方法で、そのときの営業マン、店、さらにはそこで扱っている商品までも悪口の種にするに違いない。「ジラードの二五〇の法則」は常に生きているのだ。

結局正直が一番で、これにちょっとのおせじと、小さな嘘を方便として用いるに越したことはない。大きな嘘をついて得をすることと言えば、ムーチをだましてやったと後で同僚に自慢できることくらいだ。

しかし、営業にそんな楽しみしか見出せない人は、遅かれ早かれ墓穴を掘ることになる。それだけでなく、顧客を満足させ、リピート客にし、知り合いを紹介してくれるようにして、仕事を大きくしたいと思っているほかの営業マンの足を引っ張ることになる。

信じられないかもしれないが、私の言っていることに間違いはない。世界の誰よりも多く自動車を売っている私が信じていることなのだから。

勝ち続けるために

真実を言っておけば間違いない。
ただし、相手を喜ばせるための多少の脚色は必要だ。

第13章

トップ営業マンは一流の役者である

営業マンの「身なり」の原則

自動車営業マンと聞いてどんな姿を思い浮かべるか人に尋ねてみると、「いつも流行のスーツを着ている」という答えが返ってくる。

今年で言えばそれはチェック地のヨーロピアンモデルの三つ揃いだ。そしてバリーのブーツかワニ皮のローファーを履き、真っ白のワイシャツを着ているというのが典型的イメージだ。

別の言い方をすれば、人は自動車営業マンが服と靴を合わせてざっと五〇〇ドルは身につけていると思っている。身なりに金をかけている、それが一般の人が思っていることだ。そして次には、「だから私からもずいぶん儲けるつもりに違いない」と考えるようになるのだ。

私はたくさん稼いでいるし、これまでも稼いできた。よい身なりをするのは好きだし、できるときはそうする。けれども、めかしこんでいかないところが一つある。それは仕事場だ。もちろん、きちんとした格好はして行く。安っぽい物も着ない。だが、「洋服の仕立代を稼ぐために客から搾り取ろうとしているな」と思われることはない。

私は、**営業マンはできるだけ自分が売っている相手と同じような身なりをするべき**だと思う。私が売っているのは、シボレーであって、メルセデスの四五〇シリーズではない。毎年何百万人もの人がシボレーの車を買っているが、いわゆる金持ちではない。私の担当エリアでは、ほとんどの客が労働者だ。近くの工場や会社に勤め、一生懸命働いて賃金をもらっている、高所得層には属さない人々だ。そういう人が店に来て、高そうな服を着ている営業マンに出迎えられたら、ますます縮こまってしまうだろう。

ただし、生活に困るほどの人のことを言っているのではない。そういう人たちは新車を買わない。一番安いシェベットだって買わない。私の顧客は平均して一台五〇〇〇ドルの買い物をしていく。しかし、顧客のほとんどは銀行や金融会社、信用組合から借金をして買っている。

つまり返済能力は十分でも、大金を自由に使える人たちではない。そういう風に私も見られたい。私も彼らと同じ収入レベルであり、彼らの置かれている経済状況がわかる人間だと思われたいのだ。

「あいつも同類」と思わせる

客は私を見た途端、少し緊張を解く。それは私がスポーツシャツとスラックスを身につけているからだ。私は客の反感を買ったり、彼らを居心地悪くさせたりするような格好はしない。しょっちゅう爪の手入れをしている営業マンがよくしているような透明のマニキュアもしない。それを見たら客はひく。

工場労働者は爪の間に油が詰まって取れないこともあるが、営業マンには爪を清潔にしていることが要求される。営業マンならそれくらいわかっていると思うが、派手な格好をした営業マンの中には、どう見ても長い間風呂にも入らず、爪も磨いていないような人がいる。

自分は忙しくてサウナに行けない工場労働者も、営業マンは清潔さを保つ努力をするのが当たり前だと思うだろう。大げさに言っているように思うかもしれないが、そんなことは決してない。私は他の営業マンに対する文句をよく聞かされている。そう、これは重要なことなのだ。

私のオフィスに来た客は、小ざっぱりしたビジネスライクな部屋だと感じ、悪い印象は何も受けないはずだ。営業マンの中には、客が反感を覚えかねないような悪趣味な絵などでオフィスを飾りたてる人がいる。だが、飾るなら家に飾るべきだ。

私は自分の部屋に売上成績優秀者に贈られる賞状や盾を飾っているので、客はトップ営業マンを相手にしていることに気づくはずだ。そして客は、それほど売れるのはいい条件を出すからに違いない、と考える。それは私の期待するところであり、本当のことでもある。

ほかに顧客の目に入らないようにしているものに、色見本やオプション品のカタログなどがある。こういうものを客が手にしたら、どんな色がいいかとか、どんなアクセサリーをつけようかといろいろ悩みはじめる可能性がある。

客は「パワーウィンドウ付きのスカイブルーの車」を買いに来たわけではない。「私」から「車」を買いに来た、それだけだ。

それ以外のことはすべて私から買うと決めた後の話だ。カタログをめくりながら、「いろいろ考えたいから少し時間をくれ」と言って逃げ出す隙を与えたくない。

それに、まだ買うかどうかも決めていないうちから車にあれこれとオプションをつけてほしくもない。そんなことをさせたら気づかない間に客の予算を超えてしまう。

最も大切なことは顧客を知り、役を演じること

私が客に勧める椅子も、背もたれを倒せるゆったりした椅子ではない。リラックスはしてほしいが、座り心地がよすぎてこちらの話を聞いてもらえないと困る。リラックスさせることはもちろん不可欠だが、私は客の緊張をほぐしながら、私に恩義を感じさせるもっと効果的な方法をいくつも知っている。いくら座り心地がよくても椅子にはその効果はない。だが効果のある方法はある。

客がタバコを吸おうとポケットを探り始めたとする。私は彼の好きな銘柄を聞く。そうするのはタバコが車のダッシュボードに入っていることを彼が思い出し、慌てて取りに行かないようにするためだ。私のオフィスにはいろいろな銘柄のタバコがそろえてある。客が何を吸っていようと大概のものはあるので、一箱取って彼に渡す。

「いいですよ、取っておいてください」

取っておいてください、とは！　ふつう営業マンが客に言える言葉ではない。が、私は言う。いったい、そのタバコはいくらしただろうか。たった五〇セントだ。しかもこれで彼は私に恩ができた。マッチも当然ただであげる。ほかに欲しいものは？　お飲物はいかがですか。何がお好きですか。ワインなど？　ウィスキーですか？　ありますよ。えっ、

ただですか？　当然、彼に一人で飲ませたりはしない。私はウォッカのボトルを取りだし、そこから正真正銘の水を注ぎ、彼につき合う。酔いつぶれてほしくはないが、望むもの、手の届くものを買うのを私に手伝ってもらってもよいと思う程度にはリラックスしてほしい。

　子供連れの客には、風船やキャンディーが用意してある。また、家族の皆に渡す「アイ・ライク・ユー」とだけ書かれたバッジもある。私が客やその家族に何かを渡すと、客は少し私に恩を感じる。大きな恩ではないが、十分だ。

　店にやって来て黙って展示車を見る客もいる。私はそばへ行くが、近づきすぎないようにする。たまに、膝をついて車の下をのぞきこむ客がいる。すると私もそれにならう。ばかばかしく思えるかもしれないが、いいきっかけになるのだ。私が一緒になってのぞいているのに気づいて客は吹き出したりする。それが売り込みを始める合図だ。

　ときどき、私のシャツ（私はカラフルな水玉模様のスポーツシャツを好んで着ている）に見とれる人もいる。すると私は「気に入りましたか。どうぞ、差しあげます」と言ってその場で脱ぎ始める。それで喜んでもらえるならこちらも喜んで提供しますよ、ということを客にアピールするためだ。

　オフィスには替えのシャツが用意してある。私の申し出を真に受けてシャツを持っていく人が現れたときのためなのだが、今までにそういう人が一人だけいた。しかし、これでこの客にアプローチできる。冗談めいてジェスチャーをしてみせるだけでも相手の緊張をずいぶん和らげることができるはずだ。そこまで行くかどうかは別として、私が相手のためなら何でもすること、着ている服も差し出すことを客にわからせたいのだ。

オフィスの整理整頓には気を遣っている。目が届くところにお客が気を取られて考えこんでしまうようなものはない。価格や取引条件の話をするとき、私は客が私の肩越しにのぞき込めるような場所で調べ物をしたり、計算機を使ったりはしない。必要な物はすべて机から少し離れた棚の上に置いてある。数字を見ていいのは私だけだ。

客を知り、恐れを忘れさせる

もう一つ私が欠かさずやることは、客が帰った後、部屋をきれいに片づけることだ。きちんと整理し、灰皿を空け、グラスを下げ、消臭スプレーをする。アルコールやタバコの煙のにおいを嫌う人は多い。私のオフィスに入ってきても何もにおわないはずだ。

私は、**自分が役者として一つの役柄を演じている**と思っている。そのステージは、私がこれから演じる芝居にふさわしいものであってほしい。衣装もそれにぴったり合ったものであってほしい。服装について述べたが、それはあくまで私の顧客に合わせた格好だ。あなたのエリアの周辺環境や顧客層、慣習やしきたりが違うなら、私の格好に合わせるべきではない。

トップ営業マンは一流の役者だ。役を演じ、観客である顧客に自分がその役柄そのものの人物だと信じ込ませる。派手に着飾る客が多いなら、あなたもそれと同じような身なりをすべきだ。

しかし、どういう方法をとるにしろ、**一番大事なのは、顧客を知ること**だ。名前は知らなくても、どんな人々でどんな暮らしをしているかを知ることだ。そうすれば、彼らの警戒心を解き、戦いに勝つことができる。

最初に会った瞬間に客が少しでもリラックスでき、恐れを忘れることができたら、そしてあなたに時間を割いてもらっていることに恩を感じはじめたら、あなたはもうこの戦いに勝ち始めている。

勝ち続けるために

はじめに心をつかめば、後々までついてきてくれる。

第14章

商品の「におい」を売れ

「におい」をかいだら、彼らは絶対欲しくなる

営業の伝道師（エバンジェリスト）と呼ばれる人がかつてこう言ったことがある。

「勝つためには、ステーキではなく、ジュージュー焼ける音を売らなければならない」

自動車の営業マンがしなければならないのも、まさにこれだ。私の顧客のほとんどはこれまでに自動車を持ったことがある。しかもそれはシボレーだった可能性が高い。これまでの人生でも相当な数の自動車を目にしている。今も一億台以上の車が走っているだろう。だからシボレーとだけ聞いて大騒ぎする人はいない。

大騒ぎされるのは、ピカピカの新車の場合だ。触っても、腰かけても、もちろん所有しても気分がいい。そして、新車というものがもつ魅力の中で何よりも人を引きつけるのは〝におい〟だ。新品の自動車のにおいに気づいたことがあるだろうか。目隠しして乗せられてもすぐに新車だとわかるはずだ。触ったり見たりするだけで、よだれが出るほど欲しくなる人もいるが、においほど購買意欲をそそるものはない。

だからいつも顧客にはにおいをかがせたい。かぎたいと思っていなくても、かがせる。

ほとんどの人は初め車の中に入るのをためらう。試乗を勧めても遠慮する。何となく買わないといけないような気になるからだ。無理にでも車に乗せろ、と私が言うのはそのためだ。封を切ったり、包装を解いたために買わなければならなくなったような義務感を客に感じてほしいからだ。

いったん中に入りにおいをかいだら、彼らは絶対に欲しくなる。そんなことは当たり前すぎて、一度でも自動車を売ったことのある営業マンなら誰でも知っていると思うだろう。しかし、営業の研修でいつも取りあげられるのはなぜか。わざわざやる意味がないと思っている営業マンが多いからだ。「無駄ですよ。どんなものだかムーチはわかっていま す。欲しいのは納得のいく値段だけでしょう」

においにつられた自分を思い出せ

そう言っている人は自分の感情さえもよくわかっていないのだ。私は、初めての経験にわくわくしたときのことを忘れたりはしない。

私は初めて電動ドリルを手に取ったときのことを覚えている。自分のではなかった。近所の子がクリスマスに買ってもらった物だったが、包みを開けるとき一緒にいた。私はそのブラックアンドデッカー社製の新品のドリルをその子から取り上げ、電気をつないだ。

そうすると、あらゆるものに穴を開けずにはいられなかった。

初めて乗った新車のことも覚えている。もう大人になってからのことで、それまではシートがすえたにおいのする中古車しか乗ったことがなかった。だが、近所の人が第二次大戦後に新車を買い、買った日に乗せてもらったのだ。あのにおいは一生忘れない。

自動車以外の物を売っている人は、同じようにはいかないかもしれない。生命保険の営業マンなら、客ににおいをかがせたり運転させたりするわけにはいかない。しかし、何か感情や感覚に訴えるものを見つけて、与えなければならない。カシミアのコートを顧客に触らせずに売ろうとする人はいないだろう。

だから、必ず車に乗せることだ。私はいつもそうする。すると客は喉から手が出るほど欲しくなる。それで買ってくれなかったとしても、客が家に戻ってもう一度自分の車のにおいを嗅《か》がなければいけなくなった後で、私は彼に再度攻勢をかける。自分の車に戻ってにおいをかいだら、そこが客を取り戻すチャンスだ。

私は客が試乗している間、何も話さない。彼が運転するに任せている。いわゆる営業のエキスパートは、この時こそ商品の魅力を売り込むときだと言う。だが私はそうは思わない。私が黙っていればいるほど、客は新車のにおいや感触に集中できる。そして口を開きはじめる。

私は客に、においをかぎ、感じながら、話してもらいたい。どんなところが気に入り、どんなところが引っかかっているのかを知りたいからだ。それに、勤め先や家族のこと、どこに住んでいるかなどを話してくれれば、彼がどんな人間か判断しやすくなる。客への売り込みやローンの申請に必要な諸々の情報を、助手席に座っている間にすっかり聞き出せることがよくある。それには必ず自由に運転させなければならない。

人は触ったりいじったりして、いろいろと試したいものだ。昔ガソリンスタンドによくあったデモ用のショックアブソーバーを覚えているだろうか（古くなって衝撃を吸収しなくなったものと、新品のものとにそれぞれハンドルで衝撃を与えてその違いを実感するというもの）。一度はやってみたことがあるはずだ。

誰にでも好奇心はある。どんなものを売っていようと、商品をデモンストレーションする方法を見つけるべきだ。そしてその中で客自身に体験させることが重要だ。客の五感に訴えることができれば、心をつかむことができる。私は、人は理屈よりも感情に衝き動かされて買うことの方が多いと思っている。

客は車に乗り込んだら、どこを走ればいいのか聞いてくるだろう。私は決まって、どこでも好きなところへ行ってくださいと言う。近くに住んでいる人なら、自分の家の前を通ることを勧める。そうすれば、奥さんや子供に見せられる。近所の人が玄関先に出ていることも考えられる。私は彼が新車を運転しているところを皆に見られるようにしたいのだ。彼に新車を買って見せびらかしている気分になってほしいからだ。それが客に決意を促すことになる。値引き交渉に失敗したとは家族や隣人に言いたくないはずだからだ。私は、客をがんじがらめにしたいとは思わない。ほんの少し、捕まえておきたいだけだ。

試乗の際にはあまり遠出はしてほしくない。私の時間当たりの稼ぎは非常に大きいからだ。しかし、運転している人は、それほどの距離でもないのに遠くまで来すぎたと思うものだ。だから客には好きなだけ運転させる。遠くに来すぎたと思うことは、またしても私に恩義を感じる理由になるからだ。

顧客が興奮を覚える状況を必ず作る

客を捕まえ、恩義を感じさせると言ったが、別に悪いことをしているわけではない。営業においては、注文書にサインしてしまった後でさえ、客はノーといって注文を取り消すことができる。そういう意味で客は私と対等の立場にある。

ただし、私には、私の勤務先に私を訪ねて来る人は皆、私から自動車を買う気のある人だとみなす当然の権利があると思っている。その人の疑問や不安を取り除き、自動車を買えるように手助けするのが私のその人への、さらには自分への義務だ。

私が「におい」と言ったのは、本当にそのもののことだが、においはそれ以外のさまざまなことも象徴している。私にとって新車のにおいは、新車に触れたときの高揚した気持ちを象徴するものだ。

最近では新車を買っても特に興奮しない人もいるだろう。今まで何台も買った経験のある人にはもう関係ないのかもしれない。だが、私を含めほとんどの人にとって新しいものを買うことはわくわくすることだ。シャツのようなごく日常的な物でもそれは変わらない。家に持ち帰り、身につけ、見せびらかしたくなる。まして新車を買ったときの喜びと言ったら、それにかなう物はそうそうあるものではない。

多くの人にとってそれは赤ん坊が生まれたときに匹敵するほどの喜びだ。誕生の報告をするときのように、葉巻を配ったり、挨拶状を出したりしたくなるほどの人もいる。

こういったことはすべて私がにおいと呼んでいるものの一部だ。そういう感情こそが人に車を買わせるといってもいい。ところが、実際はそうなっていない。なぜなら、このことが理解できず、利用しない営業マンが多いからだ。

利用しなければ役には立たない。ただ待っているのでは何も起こらない。**本当のプロならただ何かが起こるのを待っていたりはしない。自分が起こすのだ。**顧客がにおいをかいだり、興奮を覚える状況を必ず作らなければならない。

においを売る効果について最後にもう一つだけ付けくわえておきたい。

第二次大戦の終戦直後、新車が市場で不足し、欲しい人の多くが代わりに現行モデルの中古車でがまんするほかなかった。その頃、ある商品が発売され、中古車ディーラーはこぞってそれを買った。それは車のトランクや床面に吹きつけるスプレーだった。中古車が新車のようなにおいになるのだ。

そのにおいがもつ価値をあなたも知っているはずだ。自分の鼻で初めてそれをかいだときのことを覚えているはずだからだ。それを忘れないことだ。人に物を売るときには、自分が客として経験したことを思い出すことだ。誰もが同じような経験をしていることはたくさんある。あのにおいにあなたもつられたなら、たいてい誰でもつられると思って間違いない。

商品が何であろうと、新車のにおいに相当する何かがあるはずだ。客になったつもりで考えてみることだ。

勝ち続けるために

その商品のどんなところにわくわくするか。
初めて買ったときはどうだったか。
自分の経験を利用して、その商品を所有する喜びや楽しみを売れ！

第15章

顧客を
とことん知るための
諜報活動

顧客は自分が何を買えばいいかわかっていない

本物の戦争には必ず双方にスパイがいて、それぞれが敵の狙いを探っている。営業では、これに似た行為を一般に、「顧客の絞り込み」と呼んでいる。しかし、その基準はさまざまだ。

その一つ、「望ましい客」かどうかについて言えば、どんな人でも私から車を買う資格があるというのが私の考えだ。そして私は、客はどうしたいのか、どうする必要があるのか、どういうものなら買えるのかを知りたいのだ。

その基準のうちすべてが一致しているときもあるが、そうではないことも往々にしてある。顧客の欲しいと思っているものが、本当に満足のいくものではないかもしれないし、その人に買えるものではないかもしれない。

私は顧客が欲しいと言っているものを聞けば、それを持たせてあげる努力をする。だが、その車は客の用途に合いそうもないとか、それは高すぎて買えないが買える範囲のもっといい車がある、と思ったら、私は迷わず他の車を売ることにする。

しかし、なぜ私には顧客に売り込むべき商品がわかるのだろうか。それは、客をよく見て、話に耳を傾け、質問するからだ。

私が目を光らせ耳を澄ませているのは、客が心を開き、話をしだすきっかけとなるものだ。それがわかれば、自分自身のことや、欲しいと思っている車、支払能力などについて話してくれるようになる。しかし、必ずしもそういった判断を顧客にさせるわけではない。むしろ、ほとんどと言っていいほど、私が判断している。なぜなら、顧客は自分がどんな車なら手が届き、何を買えばいいのか本当はよくわかっていないからだ。

例えば生命保険の場合、たいていの人は自分で選べるほど知識を持っていないため、保険外交員の言いなりだ。ところがだ。これが洋服となると、人と違うものや流行のものが欲しい、少なくとも、流行遅れの服を着て人目を引きたくないということが自分でわかっている。だから販売員は顧客と相談しながら決めていく。それは、流行、品揃え、客に何が似合うかなどに基づく一種の交渉だ。心ある販売員なら、客が不格好に見える服を売ろうとは思わない。しかし、服が似合うかどうかは、人によって意見が違うことがある。そのため、顧客と販売員それぞれの判断には大きな幅がある。

なら自動車の場合はどうだろう。奥さんと子供四人をもつ客に、二人乗りのスポーツカーを売ろうと頑張る人はいない。それが二台目か三台目という金持ちだったらあまり問題ではない。だが、本当は大きめの車が必要なのに、望みどおり小さい車を買わせたら、結果、本人にとっては非常に不幸なことだ。客がどうしてもあの洒落た小型車が欲しいと思っていたとしても、そういうことをしてはいけない。

要するに、これは客との駆け引きだ。客の言うことに惑わされず、本人にとって何が一番いいかを見極めることだ。なぜなら、客にとって一番いいことはあなたにとっても一番いいことだからだ。良い噂を広めてもらい、またいつの日か戻ってきて次の車も買ってもらおうと思えば、それは当然だ。そして忘れてならないのは、この時点ではまだ相手は恐れをもっているということだ。

さりげなく名前を聞き出す

客が来店したら、私はまずこう言う。「いらっしゃいませ。ジョー・ジラードと申します」。その次に言うのは、「お客様のお名前は?」ではない。彼の恐怖心をあおりたくはないし、すぐに逃げられたら困る。そうではなく、「失礼ですが……」と言うと、彼は一秒とためらわず、名前を教えてくれる。

私が直接的な質問をしていないことに注目してほしい。私が彼の領域にずかずかと入り込もうとする人間だと思わせる可能性のあることはしない。ごく自然に、さりげなく相手の名前を聞き出すことができた。

これで私と彼との距離は一歩縮まったので、この先は彼を名前で呼ぶ。彼はビルで、私はジョーだ。私のことを「ミスター・ジラード」と呼ぼうとしたら、ジョーと呼んでくれるように言う。これで少し彼の緊張を解いた。

前に言ったように、客が展示車を見てまわりはじめたら、私もそうする。自動車の下に潜る人がいても同じようにする。私はほとんど黙っている。相手のことをよく知りたいが、私が根ほり葉ほり聞くのではなく、自分から話してほしいからだ。

どんな商品を探しているのかや、今乗っている車について尋ねることもあるが、たいていはおとなしく待っている。そのうち何か言い出すはずだ。客が話し始めたら、そばについて回る。けれども、この段階ではまだうるさく迫らない。彼が殻を破り、自分から本心を見せるようになってほしいのだ。**軍の諜報部が、敵の工作員が正体を現すのを待つようなものだ。**そして、あわよくば、見せすぎるほどに、正体を見せてほしい。

私には初めから私を指名してくる客が多い。そういうときには格好の会話の切りだし方がある。自分のことをどうやって知ったのか尋ねればいいのだ。何かで読んだ、と言われれば、それを受けて、何で読んだのかと返すと、もう会話は流れている。あるいは、紹介者の名前を出されたら、その名前を聞いたことがなくても知っているふりをする。私のことを工場で聞いた、という人には、どこの工場かを聞けば、彼の勤め先の話になる。

相手がどんな答えを返しても会話がはずむようにすると、そのうち共通の知り合いや彼の勤務先など、何か役に立つことを聞き出せることもある。知り合いの名前が出てきたら、近くに住んでいるのか尋ねる。その地区についてわかっていることから彼の収入レベルが予測できる。工場の話から、仕事の話へと進めば、それもまた客の収入予測につながる。

私は、客に気づかれないように作動している機械、例えば録音機やコンピュータのように振る舞う。要するに、客の話が、住んでいる場所、郊外のどこか、ボウリング場、工場など、どんなことに及んでも、必ず何かしら知っているように思わせるのだ。彼が何を言っても私は半分質問のような返事をして彼に話を促しつつ、自分がよく知らないものや場所の話には深入りしなくて済むようにする。そして、勤務先の工場のボウリング大会で彼のチームが勝ち進んでいる話を聞いている最中に、私はさらっとこう言う。「車のキーをください。査定してみましょう」

ポイントは、「下取りする車はありますか?」とは聞かないことだ。そう聞くと、客はいらないことを考え始めてしまうからだ。「ある」と答えたら、車を買う方向に話が進みすぎてしまうと考えるだろう。あるいは、考えがあって「ない」と嘘をつくかもしれない。それは、私からまずベストプライスを引き出し、それから下取りの話を持ちだした方がさらに価格を下げられるという考えだ。

もちろん、そうはならない。客には帳簿どおりの値段しか出せない。どの時点で下取り価格を決めようが、それは変わらない。それでも、答えるのを引き伸ばせば有利になると考える人は多い。

私の狙いは、本人の気づかないうちに客を取りこみ、客が私に対してバリアを築き始めるのを少し難しくすることだ。

早いところ彼を捕まえなければならない。そうしないと、なんとかして言い逃れようとするだろう。「下取りに出す車はない」と言う客をじっと観察し、その目を見れば、本当なのか駆け引きをしようとしているのか、だいたいわかるはずだ。もちろん今乗っている車を父親や運転できる年齢になったばかりの子供に譲るという人もいる。が、ほとんどの人は下取りに出したいと思っている。だから私はあらゆる言い逃れをさえぎるために、「キーをください」と言うのだ。

最近は、下取り車を査定してくれるスタッフがいるので、ふだんは自分では見ない。私がどんな風に人の手を借りているかや、さらには、この業界の営業マンにとってそれがいかに得策かについては後で述べようと思う。しかし、長い間自分で下取りの査定をしていたし、今でも時々することがある。

顧客をどう読むか

経験豊富な営業マンは、客自身やその家や車からさまざまなことを読み取ることができる。ほとんどの人は、人の着ている服や住んでいる場所、乗っている車を気に留めない。しかし、肘の部分が擦れて光っている、といった細かいところに注意を払えば、わかることはたくさんある。私なら車の周りを歩き、中をのぞきこむだけで、その車やオーナーのことを何でも言いあてることができる。

なかにはメーター距離、ドア枠に貼られたサービス工場のステッカーの数やそこに記録されている点検整備の履歴など、明白な情報もある。これらを見ればこのドライバーが年間どれくらい走り、どの程度車に手をかけているかがわかる。こういうことは、下取り車の価値に直接響いてくる。

車がたびたびメンテナンスに出されていたら、このオーナーは用心深い人だということがわかる。走行距離が平均を大幅に超えている人なら、話題を見つけやすい。ちょくちょく旅行をするのか、長旅に出かけたのか質問できる。前の座席やダッシュボードを見るときは、他のディーラーやメーカーのカタログがないかどうか調べる。何よりも、彼がどんな車を探していて、何カ所から見積もりをとっているかがわかる。そこから、彼を落とすにはどれだけ安くしなければいけないかが、かなりはっきりと見えてくる。

タイヤが相当擦り切れていたら、全部交換するために彼が一五〇ドル以上の出費を間近に控えていることがわかる。こういう場合、客が新車を買う気になる可能性はぐっと高まる。なぜなら、タイヤぐらいのためにそんなにかかるのなら、いっそのこと新車に買い替えた方がましだと考え始める人が多いからだ。

スペアタイヤを見ようとトランクを開けて、そこに釣り道具があったら、また一つ話題を見つけたことになる。釣り人は、どこで釣りをして、今まで何を釣ったかを話すのが大好きだ。車の後ろにトレーラー用の連結器があったら、それも客のことを知るいいヒントだ。彼はキャンパーかボート乗りだ。

車が明らかに廃車寸前の状態だったら、気をつけなければいけない。家までたどり着くのも無理かもしれない。それは今すぐ車を買わなければいけないということだから、私にとってはありがたい。が、客にはそんなことは言えない。車は奥さんみたいなものだ。自分は好きなだけけなしているくせに、他人がけなそうものなら、侮辱したと言って怒りだす。だから車に価値がなかったら、その言い方を慎重に選ぶ。よく使うのは、走行距離や年式にしてはとてもいい状態だ、という表現だ。

もう一つ私が目を光らせているものは、フロントガラスやバンパーに貼られたステッカーだ。政治絡みのものは話題にしない。顧客との政治談義はトラブルの元だ。私は自分の息子が大統領選に出馬していたとしても、「ジラードを大統領に」などと印刷されたバッジをつけて仕事に行くことはない。

私が話題にしたいのはそれ以外の、リゾート地や、国立公園などの観光地へ行った記念に貼るステッカーのことだ。それは、客が行ったところは、すなわち私も行ったところだからだ。聞いたことのない場所だったとしても、何とか話を合わせて、また話を盛り上げようとする。

ベビーシートやおもちゃ、自転車用のキャリア、寝袋などを見つけたら、それらも客自身のこと、彼のニーズ、興味、物の扱い方などを知る手掛かりになるはずだ。

照準を合わせる

私は客の所へ戻ると「お車、よく手入れされてますね」と言う。この一言で下取り価格の問題を片づける。彼は私がなかなかいいと思っているという印象を受けたはずだ。そしてようやく「どんなお車をお考えですか？」と尋ねるだろう。ここからが本題だ。彼は今乗っているのと同じような車がいいと答える。ただ、ガタガタいうところが気に入らないと言う。そこで私は四ドアではなく、二ドアを勧める。二ドアの方が音は少ない。しかも私の立場から言ってもっといいのは、二ドアの方が少し安いため、他のディーラーが四ドアで見積っているとしたら、それよりも低い値段を提示できることだ。

住宅を売っている営業マンは、客が芝刈りが大変だと言ったら、庭の広大な家は勧めないだろう。階段を上るのがきついと言ったら、コロニアル風の三階建ではなく、ランチハウス風の平屋を勧めるだろう。自動車も同じだ。家族全員が乗れ、ボートを引くことができ、なおかつ懐具合に合った車を客に選んであげなければならない。

客の表情が固くなってくるのを感じたら、クロージングまで突っ走るのをやめて、少し手を緩める。彼の車にあったベビーシートのことに触れて、赤ん坊はいくつなのか聞いたりする。すると彼は財布から写真を取り出し、私はそれを見てほめちぎる。私の方は聞かれるまで自分の家族のことは話さない。ここは社交の場ではなく、営業の現場だ。

営業マンが陥りやすい愚かな勘違いの一つに、客と競うということがある。客が子供の写真を取り出して見せると、自分も取り出す営業マンが多いのだ。とても賢いこととは思えない。客に対抗していることになるからだ。客に「なんだその程度か。こっちの方がすごいぞ」と言っているようなものだ。

客はあなたの子供の写真などどうでもいいのだ。自分の子供を自慢したいだけだ。客と競って何の得があるだろうか。何もない。主役は客に譲ろう。あなたは座って見ていればいいのだ。

試乗が重要なことはすでに述べた。それは商品の一部分を分けてあげているのと同じだ。一種の無料サンプルだ。このとき客が残りも全部欲しくなるように存分に与えなければならない。

客を試乗させるのは、すっかり欲しくなってほしいからだ。試乗させるのは、何かを無償で得た気になり、私に借りがあるように思ってほしいからだ。車に乗ってほしいのは、子供や友だちや同僚に見られるようなところへ運転していってほしいからだ。そうすれば、また自分のオンボロ車を運転しなければならないのが少しいやになる。車に乗ってほしいのは、彼がどこへ行きたいかを見、気に入らないことがあればそれも含めて、彼の言いたいことを全部聞きたいからだ。

しかし、前に言ったように、何よりもあのにおいを鼻腔を通り越して脳みそまで吸いこんでほしい。そうすれば、彼はもうとりこになる。こうなったときはもう外に停めてあるポンコツのすえたにおいには戻りがたくなっている。

クロージングに向けてやるべきこと

営業マンはデスクに着いたら、よくノートを前に置く。客に関する情報や売ろうとしている車のことを何でもそこに書きとめておけると思っているからだろう。いい方法だと思っているのだろうが、違う。賢い方法とは言えない。それをやると、せっかくクロージングにもっていっても、客を落としきることができないからだ。

私の場合は、いつも白紙の注文書とローン申請書をデスクの上に置いている。話をしている最中に得た客の住所や職業、買いたい車などの情報を、直接その用紙に書きこむ。すると商談がまとまったときには、記入済みの注文書が出来上がっていて、後はサインをもらうだけということになる。

先程のやり方では、ノートから用紙へすべての情報を転記しなければならない。営業マンがそうしている間に、客は襟ボタンを買わなければいけないのを思い出し、宝飾店の閉まる時間を気にしだすかもしれない。彼が慌てて帰ってしまえば、商談はふいになる。

客がどこにも行けないように、ドアに鍵をかけ、ノブもはずしてしまえ、と言っているのではない。私はそんなやり方はしない。だが、そのときは私も相手も一時間かそれ以上の時間を費やしてきた後だ。私にはそれは相当に値打ちのある時間だ。客にとってもまったく同じのはずだ。これだけの時間をかけて、まじめに買うつもりのない相手はたちの悪い人間だ。

もちろん、考えにくいことだが、他の店が出した正当な見積もりに太刀打ちできなかったり、事実上あり得ない話だが、客の希望に沿う車が一台もなかったら、彼には買わずに去るれっきとした権利がある。そういう結果になるのはつまり、私がきちんとプロの仕事を果たさなかったからなのだ。

この段階まで来て客を逃したということは、どこかでミスを犯したということだ。たしかに、ほかにすることがなくて店に来る人がいることもわかっている。けれども、逃したどの客もそうだと決めつけるだけで、何がいけなかったのかを振り返らなければ、自分を高める努力をしているとはいえない。失敗は、自己分析の結果やむなしと判断できるもの以外は、自分に非があると思わなければいけない。

しかし、本当に買うつもりがあるように見えた客に逃げられた場合、最も多い原因は、客の話に十分耳を傾けず、その顔や体の動きを注意して見ていなかったことだ。これに十分な時間をかけ注意を向けなければ、客が無意識に伝えようとしている「何か」を見逃し、聞き逃してしまう。その「何か」がおそらく彼の恐れやためらい、そしてあなたが彼にあと数個のハードルを越えさせられない理由に関係しているのだ。

沈黙は誰もが嫌う。すぐに抜け出したいと思う。それを客にやらせる。沈黙に耐えられなくなって話しだせばいいのだ。何を迷ったりためらったりしているのか、そのヒントをくれればいいのだ。営業マンは、自分が話すよりも、見たり聞いたりする方がずっと多くのことに気づくはずだ。

しかし、営業マンが話をした方が得することが多いときもある。相手は、落ち着きなく、体をよじったり、愛想笑いを浮かべたり、つま先で床をコツコツするなど、いかにも不安や恐れを抱いている人がやるようなことをしている。

彼を見てその状態に気づき、本当に何かが引っかかっているのはわかるが、それが何なのかわからない。彼に必要な車もわかったし、予算もわかったのに、商談を詰めきることができない。沈黙が流れている。彼の不安以外は何もわからない。

そこであなたは質問をする。それが答えを得る最良の手段であるときもある。だが、彼がイエスか（特に）ノーで答えられる質問はしてはいけない。例えば、「ほかにお聞きになりたいことはありませんか？」と聞いてはいけない。彼が「ノー」と答えたら、それでおしまいだ。相手がきちんと言葉で答えられる質問をしなければいけない。

例えば、「あと何が残っていましたっけ？」とか、「お決めになる前にもっとお聞きになりたいことは何でしょう？」、もしくはこんな直接的な質問でもいい。「何がお気に召しませんでしたか？」。すると、客はあなたを助けなければという気持ちになる。これを機に、また彼を捕まえ始めればいい。

この時点で客をつなぎ止めるのは、クロージングに持っていくのとは違う。当然ながら、客を絞り込むこととクロージングすることの間に明確な線引きはできない。二つのことを別々のものとして扱うことが多いが、商談をうまく運んでいれば、一つのステップから次のステップへの移行はスムーズなはずだ。

諜報の段階が完了するのは、客が本当に求めていて、必要とし、手の届く車が何かがわかったときだ。これらがすべてわかり、確信できていれば、あなたはもう次のステップに進んでいる。

勝ち続けるために

客をよく見、よく聞いて、自分を語らせるようにすることだ。
そうすればクロージングに向けて心を開いてくれる。

第16章

顧客を絶対に逃さない営業法則

最強のクロージングの法則

営業マンによく見られるのは、慌てて強引に売り込もうとして失敗するパターンだ。客がどんな人で、何を買いたがっているのかもわからないうちから鼻先にペンを突きつける。どんなに車を買いたいと思っている客でも、詰めよられれば逃げる。しかも、営業マンは自分自身が何を求めているのかさえはっきり自覚していないのに、商談をまとめに入ろうとする。

食料品が一杯詰まった袋のこと、そして客の顔にそれをダブらせたことは前に話した。私には本当にそう見えたし、それが役にも立った。あの客が買ってくれるまで、もっと賢く、とことん戦うようにと私を駆り立てたのだ。

理由は簡単だった。私には自分の欲しいものがわかっていた。私は客と接するときはいつも自分が何を欲しているのかわかっている。誰にでも欲しいと思うものはたくさんあるから、何を達成したくて売りたいのかを一回ごとに決めるのは決して難しいことではないはずだ。

私の場合、前日の成績を超えるためだけに、どうしてもこの売上げが欲しいというときもある。私は自分をよく知っているし、競争が私にとってどれほど意味のあることかもわかっている。私は成績が良すぎるから、ほかの営業マンと競い合うことはないが、そのかわりジョー・ジラード、自分自身に勝ちたいと思う。

ドアを閉め、客と一対一になったら、営業マンは手術台に上った患者と向き合う外科医のようなものだ。しかし、メスを入れるのは、自分のすべきことが明確になってからだ。盲腸の患者の胆嚢《たんのう》を切除してはいけない。だから、クロージングは諜報活動をきちんとやり終えてから始めなければならない。客が欲しいと思っていて、かつ自分が与えることのできるものがわかり、自分の欲求もわかったら、準備は万全だ。

こだわりを捨てさせる

さてどの車にするかという話だ。「あの四ドアのインパラがお気に召したんですね」、と私は彼に言う（尋ねない）。この時点でも、彼がまだ逃げ出そうと思っている可能性はあるが、私は、買うつもりがあると踏んでいる。ドアを閉められたので、少し警戒心が強まっただけだ。こういうときにこそ飲み物やタバコを薦める。「色は何色をお考えですか？」と聞いてみる。彼が色を答えれば、もう後戻りできないところまで来たと判断していい。

スーツを買う場合なら、色はもっと早く話題に上るだろう。「紺のスーツを探しているのだが」というように。しかし自動車となると、客の第一声は、「車」が欲しい、であって、「グリーンのカプリス」が欲しいとは言わない。客か私のどちらかが色の話を持ち出すころには、彼は気づいていないかもしれないが、私は最終の詰めに入っている。

私は「今回はベージュがご希望ですね。少しお待ちください」と言って部屋を出て在庫表を確認する。少なくとも彼はそう思っている。部屋に戻り、「運よく一台ありました。今、回してもらっています」と彼に告げる。注文書はすでに話しながら書き終わっているので、「お名前だけお願いします」と言って、彼にペンを握らせる。「サインしてください」は形式的すぎるため使わない。客が名前を記入したら一件落着のはずだ。

ただし、誰もが知っているとおり、ふつうはそううまく事が運ぶことはない。急いで客にペンを持たせようとするのは考えものだ。だが、色について話したり、相手が特定のオプション品をつけてほしいと言い、希望どおりの車の在庫が確認できたら、次のステップに進むべきタイミングだ。

次のステップは大きな一歩だが、この一歩で客と自分が同じ側に立つことになる。営業トレーニングでは、客をつなぎ止めるにはまず注文させることだと教えられる。

しかし、**私は金を払ってもらうことから始める**。私は立ち上がり、ほとんど客に背を向け、半分振り返って手を差し出しながら、単刀直入に切り出す。「一〇〇ドルお持ちでしたら、車を用意させます」。ためらいがちに、「ええと、手付金というのが必要でして」とは言わない。そんな言い方では、次のステップにかろうじて足を掛けているに過ぎない。私は客を次のステージのど真ん中に連れていきたいのだ。

一〇〇ドル払ってほしいと言われたのだから、客は先に進まないのなら、その理由を言わなければならない。彼は財布を取り出して、「今、七三ドルしか持ち合わせがないですね」と言うかもしれない。

私が何と言うかわかるだろうか。もちろんそうだ。七三ドルでも結構だと答える。すると彼が、いくらか小遣いを残しておきたいと言うので、では六〇ドルか五〇ドルでもかまわないと答える。しかし、これ以上下げるのはよくない。ここまで来たら私も買ってほしいし、彼も買いたいと思っているからだ。もう少し小額のこともあるが、少なくとも五〇ドル置いていけば、彼は確実に買う。

客がポケットを探って二七ドルしか見つからなかったらどうするか。そういうときは、「小切手でも結構ですよ」と言う。ただし、小切手なら一〇〇ドル以上払ってもらいたい。ところで、小切手でなら喜んで払う人は多い。そういう人は、気が変わったら支払いを停止すればいいと思っているからだ。

費やした時間が確実に報われるために

考えてもみてほしい。私は自分を指名して来店し、車を買いたいと言ってきた人に、すでに一時間かそれ以上の時間を費やしてきている。相手のその言葉も信じている。だから彼が小切手を切ってその車を押さえようとしたら、私は、彼が本気で買うつもりがある、つまり私にその金を預けようとしていると思う。

私は冗談で支払うように言ったのではない。自分の仕事は好きだが、楽しみのためにやっているわけではない。だからその小切手を受けとると、席を外し、部屋を出て、小切手の支払保証を受ける手続きをする。小切手は、客から私に支払われた金だと私は思っている。だから一刻も早く手に入れることにしている。

私が客に一つ保証できることは、彼が使いたいときまでに必ず車を用意できることだ。それまでの会話に旅行や休暇の計画が出てきていれば、私は彼が二日後に出発することを知っているということだ。車が要るときまでに、彼の元にはこのエリア内で彼の希望に一番近い車が届いている。前に言ったとおり、店の在庫になくても、エリア内のディーラーのどれかには確実にある。相互に在庫を交換できる取り決めになっているので、客の希望とほぼ同じ車が必ず用意できる。

私は車を何よりも「値段」で売っていると思うだろう。そのとおりだ。もちろん、ほかの営業マンが売れなかった同じ顧客に私が売ることができるのには、いくつもの要因がある。たしかにそのいくつかは、私自身や、私が顧客に好かれ信用されているということに関係があるだろう。客をリラックスさせ、信用させるにはさまざまな方法があることはすでに述べた。

しかし、客も額に汗して金を稼いでいるなら、車の値段についていろいろと調べているはずだ。友だちに相談し、おそらくほかの営業マンとも話しているだろう。だから、私に会いに来るときは、今までのどの見積もりよりも安い値段を期待している。そして私の見積もりは、ライバルの出した金額と並ぶかそれより安いことが多いのだろう。私の販売実績が証明している。

これまで言い続けているように、私がほかの誰よりも多くの乗用車やトラックを売っているということは、ほかの誰にも負けない値段を出しているということに違いない。私のことが好きで、信頼しているから買ってくれる人もいるかもしれないが、それは、私が誰に対してもフェアな取引をすることを知っているからだ。

前にも説明したとおり、顧客のニーズを満たすさまざまな種類の車があり、その価格には非常に広い幅がある。営業マンなら誰しもよくわかっているが、私はこのことを誰よりもよく理解していると思う。そういうことの勉強には時間をかけているからだ。

メーカーから出荷されるときに装備されるさまざまなオプションをすべて把握し、ディーラーが在庫として持っている車に対して施せる装備もほぼ完璧にわかっている。そのおかげで、自動車販売ビジネスに携わる誰よりも柔軟な価格設定ができると言っていい。なぜなら、どんな装備が可能かがすべてわかっているだけでなく、オプションの仕入価格と小売価格に関するあらゆることを把握しているからだ。

オプションの中には、さほどコストを変えずに車の価値を上げられるいろいろな種類のものがある。「値段」ではなく、「コスト」を変えずに。つまり、売値にほとんど、あるいはまったく反映させずに、さまざまなオプションを「おまけ」して、誰にも負けない条件を提示することができるのだ。

では、私は決して負けることはないのだろうか。もちろんそんなことはない。この業界に限らずどこにでも賢く野心的な営業マンは大勢いる。といっても、年間一五〇〇台、いや一〇〇〇台販売している人でなければ、私と同じレベルだと認めるわけにはいかない。

それに、私から取った見積もりを客がほかのディーラーに教えたら、妬みのせいで負かされるかもしれない。店で働くほかの営業マンはほとんど友だちだが、ほかのディーラーの営業マンの中には、私に嫉妬し、ジョー・ジラードを負かしたと自慢したいがために、赤字を出してでも安く売る人もいるだろう。

つまり、わかってもらえると思うが、営業マンは誰でも、金だけのためにこの商売をやっているのではない。しかし、誰かが私を負かすためだけに必要以上に安い値段で車を売るとしたら、その人は間違った目的で商売をしている。

私が「金だけではない」と言っているのは、「金とそれ以外の目的」という意味だ。だが、本質的には金だ。儲けがなければ、あるいは後からやってくる見込みがなければ、必要以上に安く売ったりはしない。競争に勝つためだけにそうすることはあり得ない（非常に重要な客には赤字を出してでも売り、私の噂を広めてもらう、というビジネス的判断を下すことはある）。

売った後の信頼が肝心

すべては「信頼」の一言に尽きる。客が私を信頼すれば、買ってくれるだろう。しかし、その信頼は、客が支払いを済ませ、車を手にした後も、続かせなければならない。彼が新車を運転して家や仕事に戻り、知っている人全員に見せ、自慢し、その上いくらで買ったかを話した後も、私への信頼が続かなければならない。

私には客を信頼させる上で有利な点がいくつかある。一つは、これまで言い続けているように、私が誰よりも多く売っているのは、どうすれば見積もり額を安くできるかを知っているからに違いない。もう一つは、人はいかに安く車を買ったかを自慢したがるため、いつも実際に買った値段よりも数ドルは少なめに話すことだ。

それから、私は買った客とも買わなかった客とも友だちになろうと努める。だから買った客は、車に何かあったとき、ゼネラルモーターズやメローリス・シボレーだけでなく、ジョー・ジラードも責任を持って対応してくれると感じられるのだ。

価格にまで話が及べば、あともう一歩の所まで来ている。しかし、まだ完全に終わってはいない。手付金を十分払ってもらえば、取引はほぼ成立となる。私がなるべく十分な額の現金か支払保証つきの小切手を受け取り、取引後に客に逃げられないようにしていることは述べた。

逆に、手付金として一〇ドルや二五ドルしか受け取れない場合は、どれだけサインをもらっていても、安心できない。客がジョー・ジラードの見積もりだと言ってほかの店に持っていけば、私より腕がいいことを証明したいほら吹き営業マンがそれを下回る価格を提示する。すると客はわずかな手付金をすすんで放棄するからだ。客が本当に買うかどうかは、商品が客に引き渡され、代金が全額私の元に来るまで確信できないのだ。

少しでも可能性があることに私がどういう姿勢で臨むか、もうわかるだろう。私はこの業界で最も優秀で野心的な営業マンだと思っているが、完全に売れる前に客に逃げられたくない。そのためには、客がわれわれの店を通さずに資金を調達する場合には、店を出る前に十分な手付金を置いていくか、買った車を持って帰るかのどちらかをさせなければいけないのだ。

スポットデリバリー

まさしくそうなのだ。時間や書類手続きなど何らかの理由で、取引が完全に成立する前に、あるいは十分な手付金を払わずに帰ろうとする客には、その新車に乗って帰るように仕向ける。

これを「スポットデリバリー」と言い、その言葉どおり、商品を現場で引き渡すという意味だ。私は客の希望の車か、なければそれとほぼ同じ車を見つけてきて、彼にまるで自分のもののように乗って帰ってもらう。かなり危なっかしいことのように思うかもしれないが、客にほかの店へ行かれないようにする効果的な方法であることは私の経験が実証している。それが私にもディーラーにも儲けをもたらしていることは紛れもない事実だ。

スポットデリバリーの効果はわかるだろう。客は車を渡され、乗って帰る。決済や登録は完了してないが、もう自分のものだ。彼は、奥さんや子供、近所の人、友人、ボウリング仲間、同僚、上司、行きつけの食料品店など皆に見せて回る。誰もが新車に乗っている彼を見る。

見方を変えてみよう。私は客にキーを渡し、彼は車を持ち出し、走行メーターを進ませていく。契約が完了するまでには二、三日ある。彼は、私が彼を気に入ったから新車を使わせてあげたと思うだろうか。まだ自分のものになっていない車のメーターを二〇〇キロか二五〇キロ進ませて本当に何の義理も感じないだろうか。

もっと重要なことは、本当はまだ自分のものになっていない車を運転していながら、さらに安値を求めてほかの店に行く権利があると思うだろうか。

そうは思わないはずだ。客は車が誰のものかについて少し思い違いをしているかもしれない。その車をすでに所有していると思っていたら、営業は確定だ。しかし、自分は借りているだけで、原状どおりにして返さなければいけないと考えていたら、彼は正しいが、まだ営業は途中段階ということになる。

だが、車を渡したら、彼はどういうことをするだろうか。さらに五〇ドル値引く店を探して郊外を走り回ったりはしないだろう。なぜなら、車を持ち出すときに、取引が何らかの理由で成立しなかった場合には、車を原状に戻して返却することを確約する書類にサインするからだ。弁護士の言う「絶対的な」契約ほどのものではないが、善良な人間に対する強力な倫理的束縛になる。少なくとも私の客にはいつもそういう効き目があった。

保険に加入すれば、外交員は必ずと言っていいほど「仮保険契約書」を発行して保険をスポットデリバリーする。仮保険契約書とは、保険料を全額払い込む前でも、内金を払えば保険が有効になる短期契約のことだ。

考えてみれば、申込書に書いた内容が確認される前から保障されることになり、しかも内金の小切手がちゃんとしたものかどうかもわからないのだ。だが、それによって失うものより得られるものの方が多いのだろう。

私の場合も、得られるものの方がはるかに多い。客を捕まえておけるからだ。もっと安い値を探そうとするのを思いとどまらせることができる。たとえ勤務先に戻って知ったかぶりの同僚に「払いすぎだよ。卸値で買える店を教えてあげたのに」などと言われても、もう相手にしなくなる。

さらに、私の申し出は、客が断りようのないものであるし、後になってもとてもキャンセルできるようなものではない。それは、彼が、私から絶大なる信頼を受けているように思うからだ。

私がオフィスで客の方に向き直り、手を差し出して「一〇〇ドル払っていただければ、車を用意させます」と言うと、相手は持ち合わせの現金がなく、給料が入るまで預金もない、と言うことがある。もし彼の身元がはっきりしていて、職業も申し分なく、責任感があるように感じられたら、私は彼の目を見て言う。「ではお金は結構です。お客様の一言で十分です」

これを聞いて客は何と思うだろう。ずっと不安を感じ、買うかどうか決めかねていた客だ。そう、彼のためらいはすっかり消え去り、これで彼は私の物だ。

ところで、客が希望の仕様を一通り決めてきたのに、完全に一致する車が在庫になかったとする。営業マンはふつう、客にこう告げる。「大丈夫です。ご希望の車をご用意します。メーカーに特注します」。私は違う。彼が欲しいと思い込んでいる車に十分近い車が在庫にあったら、スポットデリバリーを含め、どんなことをしても彼にこの車を買わせるようにする。

特注すれば納車まで何週間もかかる。通常、客に伝えた期間よりも長くかかる。客はいらいらし始め、約束の日も過ぎると、別の店へ出かけてほかの営業マンから車を買う。私は自分で何とかできるならそんな危険は決して冒さない。彼のニーズに応える車はほかにもたくさんあるのだ。

客が求めているものは、必ず用意できる。嫌だというものに文字通り無理に押し込み、閉じこめようとは思わない。しかし、彼にとっても私にとっても、今すぐ手に入る一台は、これから契約するかもしれない二〇台にも匹敵する価値がある。

さて、スポットデリバリーの車が用意された場所へ客を連れてきたとする。車を見て彼はこう言う。「私が頼んだのは、パウダーブルーではなく、グレーですが」。私は、この色もすてきですよ、流行の最先端じゃないですかとほめちぎり、そしてほかはすべて同じなのにそのわずかな一点の違いで一週間待ちになると力説する。その間、車のキーは彼の手の中にある。私はさらに事務員の記帳ミスを責めるふりをしたりする。

ここでもし、客が地団駄踏んで、言ったとおりの車をくれ、と言い張ったら困ったことになる。だが、奥さんがドレスを選ぶのとはわけが違う。彼はほとんど車の中にいるわけだし、それにシボレーのボディカラーに悪い色はない。

自動車業界の人以外は、「そんなのは卑怯な手だ」と思うかもしれない。私にも営業というものがよくわからないときがあった。むしろ、始めたばかりの頃は世間知らずと言ってもいいほどだった。それでも、乗用車とトラックを一万二〇〇〇台以上売った後は、この商売を少し理解できるようになった。

例えば、ある客がシルバーのモンテカルロにあれこれオプションをつけて買いたいと思っているとしよう。在庫には、客が欲しがっているオプションが全部ついた車が一台あるが、色だけはライトブルーだ。そこで、メーカーに発注する。

つまり、客に納車されるまで何週間もかかる可能性がある。それを待つ間、彼は友人からオールズモービルのカトラスを買えばよかったのに、と言われる。そこで彼は店にその車を見にいく。すると彼はモンテカルロをやめてそっちを買うことにするかもしれない。もしくは、ハワイでの休暇を思いつき、車をキャンセルして旅行資金に回すかもしれない。あるいは、娘に結婚すると言われ、結婚式に金が必要だと気づくかもしれない。

かつて客から、義理の母親が同居することになり、屋根裏部屋を改装するのに金が必要になった、と言われたこともある。車は来年に持ち越しだ、と。嘘ではなく、今までに注文済みの車をキャンセルするためのありとあらゆるもっともらしい言い訳を聞かされてきた。

車の営業に関する事実をもう一つ教えよう。人が車を買うとき、一番初めにくる最も重要な要素は、車そのもの（つまり、メーカー、スタイル、オプション）だ。二番目の要素は価格（納得できる値段か、払える金額か）で、三番目、最も重要でないのが色だ。

どうしても欲しい色が決まっている人もいるだろう。それ以外の人はその色が欲しいと思い込んでいるだけかもしれないのだ。来店したときは白い車が欲しいと思っていた人も、茶色の車を見たら気が変わることがよくある。

シルバーのモンテカルロを欲しがっていた客について言えば、私がライトブルーの車をすっかり引き渡しできる状態にして見せると、シルバーに負けずそれを気に入る可能性は高い。その車は目の前にあり、待たずに、その日のうちに乗って帰れるからだ。

客が買うのは車であり、それを安く買いたいと思っている。客が支払いの見返りとして受けとる価値の中に色は含まれていない。私がすべての営業マンにアドバイスできることは、客が買うと決めたら、商品をできるだけ早く客の手に渡すことだ。その方がはるかに互いが満足できる結果を生むはずだ。

忘れては困るが、客から一銭ももらわずに新車を預けることができるのは、すでに彼のことをよく知っているからだ。二人は膝をつき合わせ、彼は多くを語り、私は少し質問してきた。彼の勤務先、勤続年数、どこに住み、家のローンがどれくらい残っているかまでわかっている。外見や話から判断して、いつも金に困っていそうな人だったら、新車を預けたりしない。

詐欺師だったらどうするのか、と思うかもしれない。しかし、相手は私から車を盗もうとしてやって来たのではないことを思い出してほしい。私はためらっている人に、その人が本当に望んでいるものを与えることによって、乗り気にさせ、意思決定を促そうとしているのだ。私がそういうことでだまされることはない。それに私の実績を見ればわかるが、スポットデリバリーをした車をだましとられたことは一度もない。

スポットデリバリーの効果をもう一度考えてみてほしい。私が客を新車に乗せたときの彼の言葉を聞いてみるといい。「まだ銀行から承認が下りていないのに、もうもらってもいいんですか」

「お客様の言葉を信じましょう」の一言で、彼は私のものだ。もちろん、彼が去る前にさりげなく自動車保険の会社名を聞き出す。彼がわれわれの車に乗っているときも保険が適用されるからだ。そして、彼の車を店で預かっていることも忘れないでほしい。それもいくらかの価値がある。

私はリスクが適正で、投資効果があると確信しなければスポットデリバリーはしない。

車にもしものことがあれば、客は車が自分のものではないこと、責任は彼にあることを承知している。しかし、私は法律に関しては詳しくないので、あなたのエリアの事情については確認した方がいい。

スポットデリバリーの効果

スポットデリバリーは、自動車以外の商品を扱っている人には、私の場合よりさらに効果があるかもしれない。前にテレビの販売と修理をしている人に会ったことがある。彼はスポットデリバリーを非常に効果的に行っていた。

例えば、電話で彼に修理を頼んだとする。彼はどこが悪いのかと尋ねる。客は、画面が暗くなってほとんど見えない、と答える。彼は使用年数、メーカー名などを聞き出す。そしてこれからすぐに向かい、今のテレビを預かる間もテレビが観られるように、代わりのものを持っていくと告げる。

その先どうなるかはもうわかるはずだ。たぶん客のテレビは白黒で、今では二〇ドルの価値しかないのに、ブラウン管の交換に八〇ドルもかかるのだ。代わりに置いていったテレビは五〇〇ドルのカラーテレビだろう。

「わあ、カラーだ！」ということになる。修理には二週間ほどかかる。一家は、この借り物に大興奮だ。そして、それが借り物でなくなることは誰の目にも明らかだ。悪党が赤い血を流しているのを見た後で、オンボロの白黒テレビに戻れる人がいるだろうか。

白黒テレビの修理が済むと同時に、分割払い購入の契約書が出来上がっている。白黒テレビとカラーテレビを月々たった二〇ドルの支払いで交換できるという内容だ。お父さんがその申し出を断り、白黒テレビを引き取ろうとしたら、家族全員に猛反対されるだろう。私もこのテレビ屋もスポットデリバリーをやっている。事実上どんな商品でもできるはずだ。

ジラードの魔法の言葉

客が聞きたいのは私の魔法の言葉だ。「その見積もりに勝てますよ」。先にほかの店を回ってきた顧客のほとんど全員に対して、私はこの言葉どおりのことができる。

もちろん毎回そうしたいと思っている。自分のコミッションを多少削ることになっても、車を売りたいからだ。わずかな儲けでも、何もないよりいい。それに私は十分な数の売上げがあるので、ほかの営業マンの見積もりに勝てるときはいつでも勝つ値打ちがある。

金を稼ぐことは私にとってとてもうれしいことだ。金を節約することは顧客にとってとてもうれしいことだ。私が客の持ってきた一番低い見積もりに勝てれば、皆がハッピーになれる。

ときどき、マージンや自分のコミッションを多めに削っても、値段を十分に下げられないことがある。値段を安くするために、客にオプションを諦めさせなければならないときもある。

例えば、大きなエンジン（「そんなにガソリンを燃やしてどうするんですか」）や、特定のリアアクスルレシオ（「ガソリン代はせいぜい年間五〇セントしか節約できませんよ」）や、エアコン（「このあたりでは本当に暑くなる日は何日もないですから、一回につき五〇ドル払うようなものですよ」）などだ。

私は客に買わせるためにいろいろなことをするが、客は公平な取引だと納得して帰っていく。売り物を偽って説明したと責められたことは一度もない。メローリス・シボレーから帰っていく私の客には、買ったつもりでいたのに実際にはそれが入っていなかった、ということは一切ない。そんなことで私の評判を台無しにするわけにはいかない。それは誰が何と言おうと、この業界のほとんどの営業マンにとっても同じであるはずだ。

営業マンは、顧客の資金繰りや支払いのことで相手をごまかしたい誘惑に駆られることがある。それは最低の行為なのだが、最近では簡単にできてしまうのだ。

顧客の中には、支払総額よりも月々の返済額を重視する人が多い。ではどういう展開になりうるか考えてみよう。客がある車を買いたいと思っているとする。営業マンは、彼が月々の支払額以外は何も気にしていないことに気づく。そして、客の本当に支払える範囲の車を売ろうとする代わりに、オプションをどんどん追加していく。自動車ローンを申し込む段になり、客が前回と同額の月九三ドルくらいに抑えたい、と言うと、営業マンは「それに近づけましょう」と答える。

そのうち銀行から届いた振込用紙を見ると、月々の支払額が一三五ドルになっている、というわけだ。客が営業マンを信用してサインをしていたら、問題が起きる。しかし、営業マンにしても同じことだ。

彼は人の三年間か四年間の家計に深刻な打撃を与えたことになる。車を一生に一台しか買わない人はいないが、この営業マンはこの客には一度しか売れない上、二五〇人の人に悪評を広められる。

自分が同じ目に遭うのはご免だ。だからこそ、私から買った客にはすべて何をいくらで買い、月額いくらを何カ月間払うことになるのか、きちんとわかってもらうようにしている。

ときに営業マンは、客の希望どおりの月額にするが、返済期間を二年間ではなく四年間にすることもある。客がサインするときにその条件を承知していれば、フェアだ。だが、客が銀行から分厚い振込用紙を受け取って初めてそれを知ったとすれば、営業マンは客に損害を与えたことになる。

顧客を説得して値段の高いものを買わせることが悪いことだと言っているのではない。私もできるときはそうする。ときには、契約を済ませた後、客の自宅に電話し、もっといいラジオやさび止めのコーティングやグレードの高いタイヤなどを追加で売り込むこともある。客には自分が何を買おうとしているのかきちんと把握してもらう。だから、彼が要らないと言えばそれまでだ。買うと返済額が高くなるなら、そう伝える。

もし前回の車と同じ期間で支払いを終えたいのなら、予算を組み直して何かを諦めなければ、返済額は上がってしまう。あるいは月々の返済額は変えずに、借入期間を半年あるいは一年延ばすことになるかもしれない。

それも営業の一部だ。客の支払能力を超えるものは買ってほしくない。車が差し押さえられるのは避けたい。そうなれば私は彼や彼の友人や親戚を永遠に失うことになる。そうなっては困る。

客にたくさん買わせることができたと思っても、本人が本当にわかって同意したのか、手遅れになる前にきちんと確認しておくべきだ。さもなければ、それは悪質な営業だ。客に損害を与えたことで自分の評判も傷つけただけではない。私にとっても大迷惑だ。

一つ悪評が立つと、すべての営業マンが迷惑をこうむるのだ。だからつまらない小細工で自ら看板に傷を付けないでほしい。

この「営業」という仕事では、いい暮らしをするために、人に圧力をかけたり、嘘をつ

いたりする必要はない。頭を使い、十分な種をまき、十分に観覧車の席を埋めるだけでいいのだ。

それがうまくできれば、立派な収入を得、良心に恥じることなく暮らすことができる。

それが可能なことは私が証明してきた。

勝ち続けるために

クロージング。ここまで来たなら、客は買うつもりがある。

それを忘れなければ、勝って勝って勝ち続けられるはずだ。

第17章

売った後も勝ち続けるために

売った後が始まりである

販売し終わった後に私が最初にすることは、購入客のファイルカードを作り、その客や買ってくれた車に関して私が知っていることをすべて書きとめることだ。それと同時に、客には特製のお礼のカードを送る。買ってくれた客に礼を述べるのはごく当たり前のことだと思うが、意外にも実行している営業マンは少ない。

私はそのカードで、客の望みの物を売ることができて幸いだ、という気持ちを伝える。そして、紹介してくれた人に車が売れたときは二五ドル払うということも再度伝える。「協力者」になってくれるように念押しするにはいいタイミングだ。客が車を手に入れたときに言ったばかりだが、隣近所や工場の同僚に新車を自慢する頃合いにもう一度言うのだ。私は売ったその日にお礼のカードを送ることにしている。そうすれば忘れることは絶対にない。

営業マンの中には、車を引き渡すや否や、客との縁を切りたがる人が多い。彼らは客のクレームやトラブルはわずらわしいが、放っておけばなくなるものだと思っている。しかし、それは最悪の態度だ。

私はこう考えるようにしている。故障やクレームは、どんなビジネスや商品にもつきものだ。きちんと対処すれば、将来もっと売上げを伸ばすことにつながる。

新車に重大な問題があって整備のために持ち込まれ、それが私の売った車だった場合、サービス部門には私に知らせてくれるように言ってある。私はその場に出向き、客の怒りを静めようと努める。自分が責任を持って整備にあたらせること、車の仕上がりにはきっと満足してもらえるだろうということを伝える。それも私の仕事だ。

それだけで済まない問題がある場合には、客の側に立ち、車があるべき状態になるまで面倒を見るのが私の仕事だ。客のためなら、整備士や店やメーカーとけんかもする。

私から欠陥車を買ったら（そういうことが実際にあるのだが）、私はその欠陥車を完璧な状態にして客に返そうと思っている。車を直すのに必要なことなら何でもする。自腹を切ることもある。

例えば、ふつうどこの店でもホイールアライメントは、新車であっても保証対象外だ。車を買った日に、タイヤが穴にはまったり、縁石に乗りあげたりして、アライメントが狂うこともありうる。客が店に戻り、アライメントの調整を頼んだら、私は自分でその費用を負担し、客が整備を受けられるようにする。費用は六ドルしかかからない上、税額控除の対象になるが、私が本当に客を喜ばせたくてやっているように思ってくれる（もちろん、次からは有償になることも丁重に説明する)。

客の肩を持つことが自分のためになるのは言うまでもないことだ。客と親しくなり、客は次に車を買うときも戻ってきてくれる。私が責任を持って面倒を見れば、客は私の噂をいろいろな人に広めてくれる。

これは、客に信頼してもらい、営業マンが客の満足を喜びとすることを信じてもらう最も効果的な方法の一つなのだ。

営業は長期投資

私は客を長期の投資だと思っている。車が一台売れればそれでよく、あとは気に入らなくても知ったことか、という売り方はしない。私は、客がこれから買うすべての車を私から買ってもらいたい。彼の友だちや親戚にも買ってもらいたいし、そのときが来たら、彼の子供たちにも買ってもらいたい。

だから私は客に車を買うプロセスを楽しんでもらいたい。そうすれば、その経験と共に私のことも記憶に留め、車を買おうとしている人に出くわすたびに話をしてくれるはずだ。私は、どの客も自分の生涯年金のようなものになるかもしれないと思って接している。そのためには、彼らに満足してもらわなければいけないし、信じてもらわなければいけない。

皆が私から買ってくれるのは、きっと強引に迫られたり、ひどい目に遭わされることに嫌気がさしているからだろう。高く売りつけた営業マンが、いざ車の調子が悪くなり助けを求められたときに逃げたり隠れたりすると、客は何をされたかを悟る。営業マンに一度でも背を向けられれば、客は自分が食い物にされ、金をしぼり取られ、だまされたことに気づくのだ。

だが、私の客は違う。店に、どうしても今すぐ車が必要だという客が現れたら、たいていの営業マンは、うまくやって高値で売りつけようと思うものだ。客の足元を見て、吹っかけるだろう。もしかしたら、多少相場を調べてきた場合に比べて六〇〇ドルくらい高い値段を押しつけるかもしれない。しかし、客にはほかの店を見て回る時間がない。そういう状況にいる客に当たったら、私も安売りはしないかもしれない。そんな必要があるだろうか。ほかの店を見ずに早く決めたいというのだから、私は店や自分の利益を十分確保するだろう。誰が聞いてもフェアな話だ。

しかし、私は客が買い急いでいるからといって相手をだましたりはしない。それは、急いでいるのだから必要以上に払うことになっても仕方がない、と思っている客も、自分がどんな目に遭ったのかやがては気づくことになるからだ。そうなれば、客は頭に来て、その車、店、営業マンの悪口を言いはじめるだろう。

そんな結末を望む人がいるだろうか。私はご免だ。それに、私は客に喜んでもらうのが好きだ。それが私の喜びでもあるのだ。

欠陥車を完璧な車に

欠陥車が持ち込まれると、電話をかけたり、担当者を探し出してきちんと対処するようにプレッシャーをかけたりと、車を直すために私も私のスタッフもかなりの時間と労力を割かれることがある。

私から車を買うと、結果的にほかの営業マンから買うより五〇〇ドルあるいはそれ以上に得をする場合がある。それだけ車に問題があったときの私の客に対する対応が違うということだ。私は、そういった質の高いアフターサービスを提供しても客に負担をかけさせない。

それはどんなに値引きをして売った客でも変わらない。顧客カードに、この客は安く買ったからこれ以上何もしてあげる必要はない、などと書くことはない。私は誰に対しても同じ品質のアフターサービスを約束する。

どの業界でも同じことがあてはまるはずだ。バーゲンのときにスーツを買っても、当然、定価で買ったときと同じようにきちんと寸法直しをしてくれるものと思う。仮に少しでも直しを渋る様子が見えたら、相手に詰めよってきちんとやってもらうだろう。そしてそのときの店の対応を、次にスーツを買うときにまた思い出すだろう。

欠陥車の話に戻ろう。欠陥車は必ずある。めったにはないが、ある。きっと工場の検査員が二日酔いだったか、下請けが大事な部分組立品でへまをやらかしたのだろう。業界の誰かを非難するつもりはない。だが、まれに最初からいろいろなところがおかしい車がある。

組立ラインからは問題なく出てきて、最終点検もパスする。が、ある日突然、何もかもがおかしくなる。単に確率の問題なのかもしれない。トランスミッションの調整が必要な車もあれば、ピストンがシリンダーにきちんと合わない車もあり、リアアクスルに不良ギアがある車もある。そういう不具合は簡単に見つかり、直る。だが、二〇万回に一回ぐらい、これらの不具合全部が一つの車に起こることがある。つまり、欠陥車だ。

一カ所不具合を見つけて、修理してもらう。その数日後、別のところがおかしくなり、また修理に戻ってくる。たいていのディーラーは、「ほらまたあの厄介者が来たぞ」という態度をとる。しかし、厄介者は欠陥車に当たった客ではなく、きちんと対応しない人たちの方なのだ。

欠陥車に対処するのはたやすいことではない。私はサービス部門の人たちとの良好な関係を保つよう努めている。朝コーヒーをおごったり、子供が生まれたらお祝いをあげたりしている。しかし、それは必要経費だ。私の客が車のトラブルでやって来たら、真剣に対処するのも私の仕事だからだ。私は、シボレー事業部の誰に連絡を取ればいいかもわかっている。だからいろいろやってだめだったら、最終手段としてGM本社に連絡を取り、私の客が正当な対応を受けられるよう計らう。

こういったことすべてに私個人の金も時間も相当かかる。しかし、私にはほかに取るべき道があるとは思えない。葬儀所に横たわる一人の男を想像してみてほしい。

故人に最後の挨拶をしようと、会葬者が次々にやって来る。一人の男が家に帰り、ひげを剃り、服を着替え、たぶん恒例のボウリング大会も欠席して、友に最後の別れをしにきた。サテン張りのひつぎに横たわる一人の男。彼の人を引きつける力を考えてみるといい。ほかに二五〇人の人が同じように彼の葬儀に行く。誰にでもこのように人を引きつける力がある。だから、この職業に携わる誰一人として、たった一人の客もおざなりにできないはずだ。その人生の影響が及ぶ二五〇人が後ろに控えているからだ。

知ってのとおり、人はよく車の話をする。アメリカのだいたいどこへ行っても、人気のある話題だ。天気よりも人気があるかもしれない。私がよく考えるのは、誰かがどこかで、車を買ったがどこもかしこもおかしくなり始めたという話をしているところだ。何度も修理に出したが、きちんと直った試しがなかった。だからその人たちは同じような車は二度と買わないと思うに至る。

次に、別の誰かが同じ話をし始めるが、最後だけはこう言う。

「俺が車を買ったジョー・ジラードという営業マンに車のトラブルのことを話したら、あっという間に新品より調子よく走るようになっていたよ」

私の対応について人がこういうふうに言っているのを私は知っている。直接言われることもあるからだ。最初に私を指名して会いに来る人には、私のことをどうやって知ったのか必ず聞く。会話のいいきっかけになるからだ。すると、私がどれだけ値引きをし、いい対応をしたかを買った人から聞かされた、と答える人が驚くほど多いのだ。

偉そうに言うわけではないが、それがこのビジネスでは非常に役に立つと思う。私自身の商売に非常に役立っていることは確かだ。

私がほかの営業マンがやらないようなことをたくさんやっているということはもう理解してもらえたことだろう。私のやっていることが誰にでも役に立つということも理解してほしい。私は自分の顧客を大事にしている。客は私が彼らを本当に気にかけていることを知っているし、彼らも私を信じている。

だが、どれをとっても、愛のためにやっていることはない。私がやっているのは「金」のためだ。

しかし、私が客を厚遇することについて、「ジラードは本気でやってるんじゃない。金のためだからやってるんだ」と言う人はいない。私に言わせれば、自分は本気だし、しかも金のためにやっている。しかし、客がトラブルを抱えてやって来たときに、客をムーチ扱いして逃げ隠れするよりも、親切に対応する方がずっと気分がいいものだ。そうして、客の信頼を得ることでもっと多く稼ぐことができるのだ。

いつも決まった店で決まった営業マンから服を買っていた人がいた。彼は最初、ショーウィンドウで気に入った服を見つけて店に入っていった。そのとき接客の順番だった営業マンから買い、それからずっと彼の客になった。この客は毎年その営業マンからスーツを二、三着買っていた。

本当は、仕事ではほとんどスーツを着なかったので、買う必要もなかった。しかし営業マンは彼の好みを知ろうと努め、客が何か買うといつも仕立職人が直しの採寸をするのを手伝った。店に行くと、営業マンはたまに、客の気に入りそうな新しい服は入ってきていない、と言うこともあった。そういうときは営業マンの言うことを一も二もなく信じた。

さて、ある日、客は店へ行き、その営業マンを呼んでもらった。すると誰かが来て、その人なら引退した、と言って行ってしまった。この客はしばらく店内をぶらぶらしてスーツを見たり、ジャケットの試着さえしたが、誰も声を掛けてこなかった。彼は結局店を出て、もう二度と来ることはなかった。この話からも、営業マンと客との関係がいかに重要かわかるだろう。

私が売っている物は、何十万人もの営業マンが売っているものだ。シボレーはシボレーだ、と思うだろう。アメリカ中どこでも買えるし、どれも皆同じだと。しかし、それは違う。ジョー・ジラードから買ったシボレーは、単なる車ではない。それは私が客とその家族、友人、同僚など二五〇〇人との間に築いた人間関係そのものなのだ。

その話ならもう聞いた、と思っているのではないだろうか。だが、私は言い続ける。私はそう信じているし、それがビジネスに役立つことも知っているからだ。私にとってこの世でこれほど明白なことはなく、それがあるからこそこの仕事は面白く、成功もしているのだ。

しかし、それでも私が言い続けるのは、私には当たり前のことでも、ほかの人にはそうでないに違いないからだ。さもなければ、なぜこれほど多くの営業マンがやっと生活できるくらいの稼ぎしかないのか、それになぜこれほど多くの客が営業マンは全員金持ちの詐欺師だと思っているのだろうか。

これまで、納車した後がいかに重要かを説明してきた。私が顧客全員に礼状を送っていることを述べた。客へ売った車に整備が必要になったとき、私がどのように面倒を見ているかについて触れた。だから、私ができる限り顧客から離れないようにしていることがわかるだろう。そして私には、ここまで書いてきたことだけでなく、もう一つやっていることがある。

連絡を絶やさない

たとえ販売した後に向こうから一度も連絡がなくても、私は客に連絡を取る。コミッションをもらったら顧客のことを忘れてしまう営業マンは多い。車に問題がなければなおさらだ。しかし、もうわかると思うが、私は物事を非常に違うふうに見ている。私から車を買った人には、私からお礼のカードが届き、アフターサービスが必要なときは私がお手伝いする。だが、助けを必要としない人も、私から連絡を受けることになる。

販売の数週間後か数カ月後に、私は最近の顧客のファイルを見直し、その人たちに片っ端から電話をかける。それはやぶ蛇ではないかと思うだろうが、私にしてみれば、これは将来のビジネスを掘り起こし、それを確実に獲得できるようにするためだ。普通の人が普通の営業マンから車を買うときはどんな経験をするだろうか。買い物が済むと、客はその場所から無事に出て来られただけでほっとする。

しかし、私の客は違う。私は一生懸命対応し、客もそれがわかっている。買い物が済むと、彼らもほっとするが、それは強引な営業マンの手から逃れたからではなく、最初は恐れで一杯だったのに、最後には期待以上の結果が得られたという満足を味わうという経験をしたからだ。

後日、私は受話器を取り、番号をダイヤルし、車の調子はどうかと尋ねる。だいたい日中に電話し、奥さんと話す。納車以来会っていなければ、何もトラブルはなかったと判断できる。

奥さんは、たいてい、車は大丈夫だ、と答える。何か問題はなかったか尋ねる。必要な点検を受けないと保証が効かなくなるため、車を持ち込むように彼女に念を押す。ご主人に、車に何かあったら、例えば、ガタガタ音がするとか燃費が悪いなど、何でもいいから、車を持ってくるように、そして私を呼ぶように、確実に伝えてください、と言う。それから、誰か車を買おうとしている人を知らないか聞く。

友だちや親戚はどうかと尋ね、紹介してくれた人が買ってくれたら一人につき二五ドル払うことを再度伝える。彼女が、義理の弟が先日、自分の車がどんなにオンボロか話していた、と言ったら、義弟の名前と電話番号を聞き出し、私から電話があることを彼に伝えてもらう。そして、もう一度二五ドルのことを話し、電話を切る。

この奥さんはたぶん夫に、私が電話をしてきて、二人の近況や、車が大丈夫かどうかなどを聞いてきたと話すだろう。それを聞いた夫は、前に私から買ったことがなければ、椅子から転げ落ちてしまうかもしれない。

営業マン、とくに自動車営業マンは、売り終わったら客のことなど一切気にも留めないと誰もが思っているからだ。それだけでなく、私は彼女の義弟にもたぶん一台売ることができるだろう。そういうことが好意とビジネスチャンスの輪を広げていく。彼女は二五ドルを受け取り、義理の弟はその家族の二人目の満足客になる。さらに、私は三、四年ごと、あるいは四、五年ごとに車を買ってくれる客を二人つなぎ止めたことになる。

注文が取れた瞬間がくせ者

私が当たり前のことを言っているだけだというなら、なぜ大部分の営業マンはやろうとしないのだろうか。私は自分が平均より頭が良いわけではないのはわかっている。人より親切な人間でもない。ただ、人より営業についていろいろなことがわかるようになり、自分のやり方を編み出すことができたのだろう。

それはたぶん私のスタートが遅かったために、ふつうの人が教わるような悪いアドバイスを受けることがなく、独自の方法を生み出さなければならなかったからだろう。

私は、ほとんどの営業マンが知っているような、何もせずに「ムーチ」や「厄介者」や「変わり者」を待つやり方を知らなかった。それに、成功に対する欲求がたぶんほかの人よりも強かったのだろう。

しかし、**私が一つ確実に言えることは、営業マンがやっと注文をとれた瞬間というのがくせ者**なのだ。

それは営業マンの判断を鈍らせる。彼らは自分の欲しいものを手に入れたために、客のフォローアップや、次の販売や紹介客を得るために客の満足を持続させなければいけないことをすっかり忘れてしまうのだ。

私がこう言うのは、自分もよくわかるからだ。車が売れたらその報酬を自分の手元に残したいという欲望は私にも理解できる。誰にも負けないくらいよくわかっている。いや、たぶん人よりよくわかっているといえるだろう。その欲望に打ち克っているのだから。

一時間の仕事で一五〇ドル稼いだら、それはそういうものだと思いたくなる気持ちはわかる。しかし、その誘惑に駆られると同時に、私にはそれをどう解消するかもわかっている。

どう解消するのか。それは頭を使うことだ。一時間に一五〇ドル稼ぐ自動車営業マンはいない。二時間でも無理だろう。ビジネスを築くため、種をまき、観覧車の席を埋めるためにそれまで多くの時間と金をつぎ込んできたか、あるいは何もしない時間を過ごしてきたかのどちらかのはずだ。

一日に一台売って一五〇ドル稼いだら、それは平均としては結構大きなコミッションだが、一時間の稼ぎとはいえない。それは一日の稼ぎだ。決して悪くはない。むしろ、一日に一台売れば自動車営業マンとしては平均を優に上回る成績だ。それでも一時間に一五〇ドル稼いでいることにはならない。

私は毎日五台以上売っている。そして、ギネスブックで見る限りは、世界一の営業マンだ。これだけ売るには時間と金をたくさんかけなければならないことはわかっている。私のやり方は自分のコミッションからの持ち出しが非常に多い。しかし、その価値はある。そのおかげでもっと販売でき、もっと仕事に自信を持ち、これだけの投資をしても、全国のどの自動車営業マンよりも所得が多いからだ。そんなことはギネスブックには書かれていないが、紛れもない真実だ。

私の話を聞いてくれている人は、この先も聞き続けてほしい。私の話は、「満足と金とは何か」という話だからだ。私は年間一四〇〇台近く販売し、およそ二〇万ドルの収入がある。この業界の本当のプロなら、これを達成するための努力が無駄だとは言えないはずだ。

勝ち続けるために

売った後も売り続ければ、稼ぎはもっと大きくなる。

第18章

自らの限界を知り、あらゆる助けを利用する

競争相手は「自分自身」

ここまでの章で、ビジネスを育てるために、自分を指名して車を買ってくれる顧客を次々と呼び入れるために、私がしてきたさまざまなことを紹介してきた。それを読んでうなずきながらも、一人の人間がそれだけのことをして、その上一日二度の食事を摂り、週に一度家に帰って着替える時間を見つけられるはずがない、と思っているのではないだろうか。

私のたどってきた道をもう一度見てみよう。営業を始めて丸一年経った一九六三年、私は二六七台の車を売った。二六七台売ったらいい暮らしができることは、この業界の人なら誰でもわかるだろう。このときは賞などは受けていないし、ギネスにも載っていないが、今にしてみても結構な稼ぎだ。

翌年の実績は三〇七台に上がり、一九六五年には三四三台になった。一九六六年までには、どんなことをすれば効果があるのかを注意して見るようになっていた。そして、最大の成果を生んでいるとわかったことに力を集中し始めた。言い換えれば、自分の強みがわかるようになり、それを最大限生かし始めたのだ。

では、経験や念入りな自己分析の結果を生かして仕事をした最初の年の成績はどうだったのか。つまり、直感や感覚だけで仕事をしなくなった最初の年はどうだったのか。

一九六六年にはその数字は六一四台に膨らんだ。私はたくさんの乗用車やトラックを販売し、たくさん稼いでいた。しかし、相当頭を酷使していたし、書類や電話の処理に追われて遅くまで残業ばかりしていた。一九六九年の終わりに、私の税申告をやってくれている人が数字を見てこう言った。

「身を削って働いているのに、所得の半分も税金として持っていかれる。少し金を出して手足になってくれるような人を雇ったらどうか。一ドル払っても実質五〇セント払ったことにしかならない。それに、一番得意で好きなこと（クロージング）にもっと専念できるだろう。簡単な仕事は金を払って人にやってもらえばいい」

彼が私に言ってくれたことを読み返してみてほしい。この会計士のおかげで私は命拾いし、結果的にたくさん売り、稼ぐことができるようになった。税率区分がかなり高くなった人にこれ以上的確なアドバイスはない。

現に、最近このことについて彼と話したが、彼が言うには、年収二万ドル以上を独りで稼ぐ営業マンは、少なくともパートタイマーを雇う意味がある。

肝心な点は、私が外部の助けを借りるために払う一ドル一ドルが、それ以上の儲けにつながっているということだ。設備投資と同じようなものだ。機械を買う代わりに、人の時間を買い、自分が最も得意なこと、つまり「クロージング」のための時間を作るようにしているのだ。

まったく一人で仕事ができる営業マンはいない。そう考えるかどうかは別として、客に物を売るときには人の助けを借りている。電話を使い、郵便を利用し、組織の中のほかのスタッフ、例えば、秘書、ファイリング係、整備士、洋服の営業マンなら仕立て職人などの手を借りている。自分よりもその仕事をうまくやれる人にやってもらっているのだ。

私が初めて店以外の助けを借りるようになったのは、メーリングリストが手に負えなくなったときだ。高校生のアルバイトを雇って、ダイレクトメールの封入と宛名書きをやってもらった。

メーリングリストが手を焼くほどになることはないかもしれないが、人数が数百人を超え、郵便の数もそのくらいになったら、それに要する単純作業をやる暇はないはずだ。自分が一時間一ドル半か二ドルしか稼げないと思っていたら別だが。これは冗談ではない。数字はそうやって見るものだ。一時間に五ドルしか稼げないとしても（もちろんあなたはそれを優に超えていると思うが）、誰かに一ドル半払って、売上げに直接関わらない雑用をやらせた方が断然得だ。なぜなら、誰かを雇って自分の時間を作ってもまだ三ドル半あるからだ。単純な計算だ。議論の余地もない。金にならない仕事が好きだ、というなら話は別だが、それが本当なら、この仕事はやめた方がいい。営業から離れた方がきっと幸せになれるだろう。

会計士からあの話をされた後、私は数週間前に会った青年を雇った。友人が営業の勉強をさせようと、私に会いに来させたのだ。彼を呼びよせ、私に代わって来客の最初の対応をしてもらうことにした。その頃には、ジョー・ジラードを指名してくる客が大勢できていた。

客のクロージングをしている間、別の客を待たせることも多くなっていた。待ちくたびれて帰られてしまい逃した客もいるし、ショールームにいたほかの営業マンに客を譲ったこともあった。そればかりでなく、人が入ってきたり、電話をかけてきたりするせいで商談が中断され、クロージング間近の客さえも逃していた。

今では、クロージング中は電話は一切取らない。仕事関係の電話の応対は人にやってもらっている。それに私用の電話がかかってくることもない。よっぽどの緊急の用事がない限り仕事場に電話をしないよう、皆に常々頼んであるからだ。

そういうわけで私はこの青年をアシスタントとして雇った。私が今どうしても手が離せないから自分ができる限り対応することを、きちんと客に説明するように教え込んだ。彼が客の話を聞き出し、見込みのある客かを見極め、展示車を案内し、質問に答えるようになった。客の持ち込んだ下取り車を丹念に見、客を試乗に連れ出すのも彼の仕事だった。

後で「クロージング部屋」にいる私に、仕入れた情報を電話で報告する。客の趣味や旅行、家族のニーズなどがわかる手掛かりや、ほかのディーラーを回ったかどうかを示す証拠に目を光らせるよう彼を訓練した。客が乗ってきた車の状態についても報告させた。

私の収入は、このアシスタントを雇うのにかかったコスト以上に増えた。彼も儲かり、私も儲けることができた。人を雇うことの価値がわかると、この方針でやっていこうと確信した。

一九六六年には人の助けを借りずに前年の倍近い成績を上げたが、私自身はぼろぼろだった。あの調子で助けを借りずにやっていたら、あと一年ももたなかったはずだ。だが、足踏みするのは嫌だった。私はどうしても記録を破り続けたかった。ほかの営業マンの記録をすべて破った後は、自分の記録を破らずにはいられなかった。

自分の強みに集中する

私の競争相手が誰だか教えよう。それはジョー・ジラード、自分自身だ。今日成し遂げたことは明日には超えたいと思う。私にはほかに競う相手がいない。他人はもうとうに負かしてしまった。

イリノイ州にキャデラックのトップ営業マンがいるという記事をどこかで読んだことが

ある。それは本当なのかもしれないが、彼の数字を見ると、私は台数で彼の三倍売っているだけでなく、キャデラックはシボレーの倍の値段にもかかわらず、金額でも私は彼の倍売っている。コミッションも彼の倍はもらっているはずだ。ジョー・ジラードのほかに競う相手がいるだろうか。いないのだ。

自分の記録を破り続けるには、自分の金をいくらか使って人を雇い、売上げを向上させる手伝いをしてもらうしかない。それをしなければ、成長の限界点にぶつかるだろう。私にとって、それはあってはならないことだ。販売台数や収入も頭打ちになるだろう。私にとって営業は喜びであり、収入は自分へのほうびなのだ。

一方、ビジネスの観点からいって一番大事なことは、人を雇って自分の時間を確保し、自分は最も生産性の高い仕事をすることによって、販売力を強化できるということだ。プロの営業マンなら、最大の強みと醍醐味はクロージングにあるはずだ。それが成功であり、勝利であり、営業の威力であり栄光なのだ。

私は今、人の手を借りて、自分の仕事時間のほとんどをクロージングに集中できるようにしている。一九七〇年には、最初の常勤スタッフを雇った。ニック・レンツという青年で、彼は今もここで私の右腕として働いている。彼には管理業務を任せ、私の営業以外の事業、特に営業マン向けの講演や営業トレーニング用ビデオの製作を助けてもらっている。私の息子ジョーイも常勤で働いている。どちらも多くの営業マンから見てもかなりな給料を稼いでいる。二人にいい給料を払うことで、私は自分一人ではとうてい稼ぐことができない金を手に入れている。

すでに指摘したように、一人で仕事をしている営業マンはいない。売っているものを自分で作っているわけではない。自分では納品しない営業マンも多い。われわれは皆、巨大な経済システムの一端を担い、互いに依存し合っている。カギは、その中の一部分でも自分でコントロールできるようになることだ。そうすれば、十分な報酬を支払っても、ほかの人に一生懸命働いてもらうことによって利益を生み出すことができる。

息子ジョーイは現在、私の仕事の最前線の全責任を担っている。つまり、顧客を迎え、順番に待たせ、引き出せる限りの情報を引き出す。単なる「受付」とは違う。われわれの諜報部員だ。客に展示車を見せ、特長を説明し、試乗させ、下取り車の査定も担当する。

彼は私がすでに述べたさまざまな手掛かりに目を光らせている。その客がどういう人なのか、どんなことに興味を持ち、何を欲しがっているのか、何を恐れているのか、そしてどうしたら彼に売ることができるのかを見つけ出す。

客を私のクロージング部屋に通したあと、ジョーイは少し間をおいてショールームから私に電話をかける。私はほかの誰かと話しているかのように口からでまかせを言うが、本当はジョーイが私に客のことを一通り報告しているのだ。客の車のメーター距離、タイヤの状態などのほか、バンパーに貼ってあるディズニーランドのステッカーや散弾銃の弾丸の空箱など、私が客の警戒心を解き、買いに来たものを買う恐れを乗り越えさせるために利用できそうなあらゆる材料を私に伝える。

その恐れについてはこれまでいろいろと話してきた。ともかく、客の心情を想像してみてほしい。彼はおそらく平均的な労働者階級に属し、車を買うにはおよそ五〇〇〇ドルの出費が必要だ。それは彼の給料の四カ月分ほどにもなるだろう。彼はこの本質的事実を脳裏から消し去ろうと必死だ。

営業マンがすべきことは、客の考えを購入を決意できるところまでもっていくことだ。そもそも誰かが彼をわれわれの商売の場に無理やり連れてきたわけではない。どんなにダイレクトメールを送っても、協力者の強力な説得があっても、自分で車を買いたいと思い、必要だと思わない限りはやって来ないだろう。営業マンは、彼の決意を最も痛みを伴わない方法で引き出したいのだ。

そしてジョーイが電話で私に伝える情報が多ければ多いほど、私はこの客をより早くより効果的にクロージングに持っていくことができ、次の客に移ることができる。「より効果的に」というのは、通勤し、家族をあちこちに連れていき、余暇を過ごす場所へ行くために客が必要とする最適な車を客の払える値段で売るという意味だ。

もちろん月々の支払額や返済の回数をごまかすわけはない。支払いを含め、その車のあらゆる面について客が自分で判断できるようにすべきだ。車のために渋々金を出されては、私はコミッションを稼げるかもしれないが、客は私から買ったことをいい思い出として記憶に留めてくれないだろう。私は人の助けを借りることで、もっとうまく、然るべき客に然るべき価格で然るべき車を売ることができると言ってもいいだろう。それは、私の諜報作戦がより効果的に機能するからだ。

ジョーイはまた客の気が変わらないうちに支払いを確認する。手付金の小切手を銀行へ持っていき認証を受けるのも彼の仕事だ。私が客の手付金と注文書のサインを受け取り、無事に客を車に乗せてしまったら、あとはニックが販売後の事務処理を一手に引き受けてくれる。ローン、保険、登録などの手続きを行い、礼状を送るほか、店に出す書類もすべて作成し、顧客情報がすべて適切にファイリングされるようにするのも彼の仕事だ。

では、私は何をしているか。私は商談をまとめている。客にイエスと言わせ、それが「たぶん」や「また連絡します」ではなく本当にイエスを意味するように言わせるのが仕事だ。

演じきれば、それが真実である

私は「営業は芝居することだ」と言った。私は客のために芝居を演じている。そこでつく嘘は、舞台上の役者やコメディアンがつくほどの嘘だ。

私は友人、アドバイザー、説得者の役を演じる。キャロル・オコナーが労働者アーチー・バンカーを演じているとき（一二年間続いたTVコメディ）、彼が本当はアーチー・バンカーではないことは誰でも知っているし、アーチー・バンカーが架空の人物だということもわかっている。が、同時に、キャロル・オコナーこそアーチー・バンカーだとも思っている。

素晴らしい演技を見せているとき、彼は嘘をついているわけではない。私も同じだ。私は自分がなりきっているさまざまな人間でもあり、同時に車をまた一台売ってその快感を味わい、金を稼ごうとしているジョー・ジラードでもあるのだ。

私は脚本を書くのと、芝居が終わった後に観客を劇場の外に連れ出すのをだれかに手伝ってもらわなければならない。かつては自分で全部やり、かなりうまくやっていた。人を雇う前から賞もいくつか受賞していた。

しかし、今は彼らの助けのおかげでそのとき以上に成功している。稼げば稼ぐほど、人を雇えるようになり、さらに稼ぎを増やすことができる。毎日一分のすきなく働いている人は、人を賢く効率的に使うしかビジネスを成長させる手だてはない。それ以外にないのだ。

そうとは言い切れないこともある。私は、なぜ独立して自分の店を持たないのかとよく聞かれる。簡単に答えると、それは私が営業マンだからだ。確かに営業マンになる前、人生の最初の三五年間にはいろいろなことをやったが、たいていはあまりうまくいかなかった。

営業に出会い、営業というものがわかるようになって（わかる必要があった）初めて本当に好きで、やめたくないものを見つけることができた。今は営業は大きな喜びであり、大きな満足であると同時に、私の生涯の大きな収入源だ。

おそらく自分の店を持てるくらいの資金は稼げるだろう。事業経営もうまくやれるだろう。だが、やりたくないのだ。物を売るのが楽しくて仕方がない。私には業務を手伝い、いい稼ぎをしている二人の優秀なスタッフがいる。彼らを監督する必要もない。さらに私には人事や資本、安全管理、経営に関する意思決定をする必要がない。

私が勤めているディーラーの経営者は私よりもたくさん稼いでいるが、彼にはその権利がある。彼は事業に多額の投資をし、私よりも経営責任があるからだ。とはいえ、私はほかの多くのディーラー経営者をはるかに上回る額を稼いでいる。

営業こそが人生最大のスリル

経営者になりたくない最大の理由は、営業をする時間がなくなるからだ。今より稼げるだろうが、それほど大きな差はないだろう。そのために自分の人生最大のスリル、つまりほぼ毎日五件かそれ以上の商談をまとめる興奮を捨てなければならないのだ。経営者になったらとても同じだけの仕事ができるものではない。そのスリルは何ものにも代えがたい。

私が唯一、同じくらい胸躍らされる仕事は、近年になって始めた営業に関連した活動だ。前に言ったように、私は営業マン向けの講演を行い、営業トレーニング用のビデオを製作し、自分で出演している。これらは本当の意味で顔をつき合わせて売り込むようなものだ。講演やビデオは同じ内容で複数売れるという意味では、もっといい商売だ。

私は人手を使って販売力を強化することや、車を販売するスリルについて話してきた。しかし、私はその両方をこの二つの活動に凝縮することができると考えるようになった。

この本のテーマからは少しはずれるが、説明したいと思う。きっと、今話していることに深い関係があることがわかるだろう。私が壇上に立って、ほかの営業マンに話をするとき、報われたと感じることが二つある。

一つは、自分のオフィスでやっと商談をまとめることができたときのような気持ちだ。壇上では同じような気持ちをさらに強く感じる。私の話が部屋中の人に行き渡っていることが実感できるからだ。講演が終わると、聴衆は私の所へ来て、私の話にどれだけ感銘を受けたか話してくれる。これほど営業とはどういうものかを教えてくれる講師はほかにいない、それは私ほど現場経験のある講師はいないからだ、と私に直接言ったり、手紙に書いて送ってくる。

ビデオを作るときにもこれに似た喜びを感じる。誰もこれほどこの商売の実態に則したビデオを見たことがないのを知っているからだ。私は自分の仕事に対し、自分の能力に対してプライドを持っているし、ほかの営業マンの職業人生に影響を与えていることを知ることにも興奮を覚える。

私は自分の店を持つという考えよりも、自分で物を売り、他の営業マンを支援することの方がずっと好きだ。そのために「ジョー・ジラード、営業講座」を始めた。これまで、営業の道に入りながら、いずれ諦めるか、平均的な収入に甘んじるかしている人をたくさん見てきた。これらの人々も適切な指導と訓練を受けていれば、今頃思いもよらないほどの生活ができていたに違いないと思う。

とにかく忘れないでほしいことは、客と二人だけになり、一対一になったとき、その肝心の対決のときにも、いろいろな人々やサービスに助けられているということだ。可能な限り助けを求め、活用すべきだ。その中には、客を紹介してくれる協力者や、パートタイム、フルタイムのスタッフなどが含まれるだろう。販売力を強化すること、つまり人手をうまく使って自分の手足のようにしてしまうことが、自分の時間とスキルを最大限に活かす手段なのだ。

誰でも望めば、本当に望めば、私のような仕事ができる。私は自分の仕事すべてを徐々に築き上げ、その費用はビジネスの成長によって生まれた余剰で賄ってきた。

助けが増えれば、顧客が増え、稼ぎが増え、また助けが増え、顧客、稼ぎが増え、これが延々と繰り返される。それが私の経験してきたことであり、あなたも経験できることだ。

勝ち続けるために

あらゆる助けを利用しよう。そうすれば、売上げも利益も倍々で伸びていく。

第19章

金と時間は賢く使う

金と時間の使い方

これまで自分のことや自分の仕事について話してきたことは、いろいろな観点でまとめることができる。顧客を呼び込み、売り込む最も効果的な方法はすべて金がかかることを理解するというのがその一つだ。

リスクを取り除き、着実に増加する収入を確保したいならば、金でビジネスを買うしかない。どんなビジネスマンもこれと同じ状況に置かれている。むしろ、ビジネスとはそういうものだ。

すなわち、**どのように金を使えば、最も多額の見返りを得られるかを判断する**ことだ。営業マンにとっては、それは金だけでなく、時間の使い方の問題でもある。ただ、われわれがやるべき一番大事で価値のあることはわかっているから、あとは、金でどうビジネスを買うかに頭を使えばいいということになる。

協力者を使って顧客を紹介してもらうシステムが効果的なことは理解しやすいはずだ。金が出ていくのは、その見返りを手に入れた後、つまり客が買ってくれた後だからだ。だから、協力者を増やすために時間と金をかけるのは理にかなっている。相手に読んでもらえるダイレクトメールはコストをかける価値があるが、読まれることのないダイレクトメールは、たとえタダでも送る価値のないことも問題なく理解できる。

私がやっている協力者集めやダイレクトメールが投資に値することは納得してもらえたはずだ。だが、それは私だからであって、自分が似たようなことをしても割が合わないと思う人もいるかもしれない。しかし、私が言いたいのは、私は金を出して売上げが転がり込むようになる前から、うまくいくことがわかっていたということだ。それだから、やり始めたのだ。最初は小さな規模から始め、徐々に大きくしていった。あなたもそれならできるはずだ。

しかし、まずは自分のビジネスの状況を見て、どこに一番チャンスがあるかを見つけなければならない。例えば、同じ店のサービスマンの奥さんが手術を受けるために入院したとする。彼は仕事もできるし、私の客のアフターサービスのことではずいぶん助けてもらっている。何か見舞いを贈りたい。

ふつうは病気の人に花や菓子を贈るが、それでは後で捨てられてしまう。贈ったものが長持ちすればするほど、相手はジョー・ジラードを思い出してくれる。私はどんな贈り物が長持ちするかと考え、切り花ではなく、テラリウム（ガラスの器で小形の植物を栽培する）を贈ることにする。それなら家に飾られ、贈り主のことをいつも思い出してもらえる。今は行きつけの花屋に頼んで、必要なときに相手に送ってもらっている。

植物だが、インテリアにもなる。そういう贈り物は捨てられることはない。特別な印象を与えられるので、かけたコスト以上の価値がある。それが頭の使いどころだ。何をするときも、コスト以上の効果を生み出さなければならない。安いものでなければならないという意味ではない。それが自分の仕事を広げるためにどれだけ役に立つかを考えることだ。それによってどれだけ自分が思いやりのある人間だとわからせ、相手の友人や親戚に話してもらえるかを考えることだ。

必要なのはそういうビジネス的判断であり、かけている時間や労力は常に効率よく活かされなければならない。アメリカ国防総省が「対費用効果が高い」というのはそういうことだ。安くすませるという意味ではない。金額の多い少ないに関係なく、金を有効に使うという意味だ。

常に新しい営業のアイデアを探す

判断することや金を使うことについていろいろと話してきた。だが、時間にも重要な価値のある使い方がある。その中でも特に重要なのは、頭を使うことだ。どんな商品を売っていても、どういう売り方をしていても、必ず改善できることがある。

ビジネスのやり方に完璧はない。きちんと時間をかけて考えれば、必ずもっとうまくやれることを思いつくはずだ。だが、そのためにはアイデアが浮かぶような考え方をしなければならない。一番確実な実証済みの方法でも、どこか修正できるはずととらえて、もっと効果的にする方法を考えるのだ。

典型的な例がある。生命保険会社の研修を終えた若者が顧客を探し始める。その研修では、企業の役員人名録を利用するのが一つの方法だと教えていた。そのため、この若者は教わったとおり、役員人名録を手に入れる。デスクでその一ページ目をめくり、そこで手を止める。同じ研修を受けたほかの二〇人も同じことをしていると思い当たったのだ。皆がこの人名録を持ってデスクに座り、一ページ目を開いている。ということは、全員が同じ見込み客にアプローチし、同じものを売り込もうとしているのだ。

「同じことをやっても仕方ないじゃないか」と心の中で考える。「ではどうすれば、皆を出し抜くことができるだろうか」。そこで、彼は誰に教えられたわけではないが、極めて単純で当たり前と言ってもいいようなアイデアを思いつく。

その人名録の「A」のページを開く代わりに、真ん中あたり、「N」のページを開く。その結果、彼はほとんどそんな電話をもらうことのない見込み客に声を掛けることになり、大勢の人との面会の約束を取り付け、初めから保険契約を多数獲得することができるのだ。

この若者はいまや羽振りのよい保険外交員となっている。あのとき少し立ち止まってより良い仕事のやり方を考えたことが一番自分の成功に役立ったと考えている。彼は、その後は何の苦労もなかったと言う。その言葉を完全に信じるわけではないし、彼自身もそうだと思う。なぜなら、私も彼も、彼が常に頭を働かせて仕事をしていることを知っているからだ。

いつも昔ながらの問題に、常にそれまでとは違う新しいアプローチを見つけて、取り組もうとしている。努力して見つけようとするからこそ、たぶんほかの営業マンよりも多く見つけることができるのだ。

「人と違うやり方」を恐れない

私のダイレクトメールや贈り物や、仕事のやり方すべてについても同じことが言える。それまでの自動車販売とはずいぶん違うことをしてきた。今でもずいぶん違うだろう。

私がこの仕事を始めたときは、この商売の「知恵」を何一つ知らなかった。だから自分独自の方法を生み出した。一度にではなく徐々に自分の仕事を広げ、もっと売るためのより良い方法を求め続けながら自分のやり方を作り上げてきた。

自分ですべて発明したと言うつもりはない。ほかの人やほかのビジネスからたくさんのアイデアを借りた。あなたのビジネスでは誰もが名簿を「A」から当たっていないだろうか。それなら、あの保険外交員を真似て真ん中から始めたら、もしくは後ろから始めたらどうだろう。

しかし、どんなアイデアを思いついても、大事なことは、それは前例がないからできるはずがない、と言われてやる気を殺がれないことだ。

誰もやったことがないからできるはずがない、というのはこの世で最もばかげた姿勢だ。それが本当なら、世界に新しいものが何も生まれなくなるだろう。発明や偉大な発想が存在しなくなる。

それはビジネスでも同じだ。誰もやったことがないからうまくいくはずがないなどと口にするのは誰か。それは、競争を嫌う人たちだ。だが、われわれの職業はまさに「競争」だ。営業マンは誰しも自分と同じもの、違うものを売っている営業マンと常に競争している。

客は、今日私から買わずに、買うのを六カ月待つべきかだけを決めればいいのではない。なぜなら彼はクルーザーや旅行など、ほかにも金を使いたいことがあるからだ。だからクルーザーのディーラーや旅行代理店も私のライバルということになる。それ以外にも、シボレーを売っている何千人もの営業マンや、世界中のメーカーの車を売っている営業マンがいる。

競争で優位に立つには、顧客を見つけ売り込むためのより良い方法を見つけることだ。

優れたアイデアには、それを考え出すためにどんなに時間がかかろうとそれに見合う価値がある。そして、どんなにコストがかかろうと、それを実行に移す価値がある。

いわゆる「R&D」、つまり研究開発だ。営業マンにもそれが必要だ。常に新しいことを試し、今のやり方を評価する新しい方法を探し求めるべきだ。そうすることによって、最も売り込むべき大事な商品、つまり自分自身をいつも向上させることができる。

要は、昔からやっているようなことに常に新しい方法を探し続けることだ。誰も目を付けなかったことほど大きな効果を生む可能性がある。私が人種差別的な中傷に非常に敏感だということについては前に触れた。客が「イタ公」と言いだしたら私は激怒していた。相手に手を出すかどうかは別として、私は怒り狂い、販売チャンスを逃すのが常だった。

ある日ようやく、車を買いたいという人には誰にでも売ることが勤務時間中の自分の仕事だ、と心に決めた。自分がシチリア人であるがために、客とけんかし、売上げや前歯を失いたくなかった。そのため、私はある簡単なことをした。

印刷屋に電話をして、新しい名刺を頼んだ。私の本当の名字、ジラルディではなく、最後の「i」を落として、ジラードという名で印刷してもらった。正式に姓を改めたわけではない。ただ、ジョン・ウェインやディーン・マーチンやほかの何千人もの人と同じように芸名を使うことにしただけだ。前に触れたキャデラックの営業マンも、書いたり呼んだりするのに長すぎるという理由で、仕事では名前の最後の部分を削っている。

これはごく単純なアイデアだが、思いつくまでにずいぶん時間がかかった。だが、そうした途端、私の人生は変わった。仕事をする上で大きな障害になっていたことを一つ取り除くことができたからだ。しかも、プライベートでは何も変わらずに。

私が自分の血筋を恥じているから正式に名字を変えたのだろうと思ったイタリア人がいやがらせの手紙を送ってきたこともある。しかし、それは違う。私がそうしたのは、ビジネスのためにやっているさまざまなこと、例えば仕事にしゃれた服を着ていかないことなどと同じ理由による。顧客が私を信頼し、この人からなら車を買いたいと思うような人間として見てほしかったからだ。

彼らが現実世界をどう考えていようと私は気にしない。私のショーを観に来て、私を信用し、信頼し、私から買ってほしいのだ。だからそれにふさわしい服装をし、一緒に過ごす居心地のいい環境を整え、私から買いたいという理由だけで覚えてくれる名前を使って最高の演技ができるようにするのだ。客が偏見を持っていようと、それは私には関係ないし、知りたくもない。私が彼らに物を売っている世界では、彼らのジョー・ジラードに対する信頼を何ものにも邪魔されたくない。

名前を変えることを勧めているわけではない。私が言いたいのは、販売効率を高めるためにできることがないか、すべてのことについて、名前も含め、見直すべきだということだ。自分で思いついたことでも、ほかのビジネスから盗んだことでもかまわない。アイデアの探求と研究開発には、いつでも営業マンの時間と金を投資する価値がある。しかし、時間と金を語るときは、第三の要素、「忍耐」についても触れるべきだろう。

時間や金が無制限にあるのでない限り、忍耐は容易なことではない。しかし、あなたが取り組み始めたことも、それなしでは絶対に大きな成果を生むことはない。

私が協力者を集め始めた頃、新しい顧客がつくまでに時間がかかることは予想していた。だが、とにかく探し続け、集め続けた。そして、見つけた後も追い続けた。二五ドルのことを思い出させる郵便を送り、ほとんどの人に電話でも念押しした。種をまいたら、水をやらなければならない。そして芽が出るまでの間は、ほかにできることを見つけてしなければならない。

最初の数ステップさえきちんとやれば、必ず芽は出る。賭けてもいい。その労力をかけ、辛抱すれば、自分の勝算を高めたことになるからだ。だから、長い目で見て負けるはずがない。

しかし、忍耐だけでは、入口で立って待っているだけでは、勝算は高まらない。時間と金をかけて、顧客と金を呼び込む独自の方法を育てて、自分で勝算を高めなければならない。

勝ち続けるために

時間と金を賢く投資すれば、ビジネスは途方もなく育つ。
常に新しい、より良い方法を探し続けることだ。

第20章

最終章はない

成功のプロセスは際限なく頭を働かせること

ここまでつき合ってくれたからには、もう鏡に向かって自分に言い聞かせる魔法の言葉や決まり文句やフレーズを探している人はいないだろう。人生はそういうものではない。ビジネスもまた同じだ。秘密や魔法など存在しない。営業で成功するためのプロセスとは、際限なく頭を働かせることだ。最終章はない。そのプロセスを何度も何度も新しく始めるだけだ。

私は、三五年間、職を転々とした後、やっとこのプロセスのスタート地点にたどり着いた。しかし、そこからトップに登りつめるまでは数年しかかからなかった。そして今もトップの座にいる。

世の中の大勢の人々、たぶん数百万の人々が私のことを聞き知っているだろう。そのうちの何千人かは私から車を買っている。彼らは私のことをよく知っていると思っているだろう。私が彼らをよく知っているからだ。

彼らは私がイエローストーン国立公園へ行ったことがあると思っている。ミシガン州トラバースシティーの近くで鮭を釣ったことがあると思っている。セルフリッジ空軍基地の近くに住むおばがいると思っている。なぜそう思うかというと、彼らがイエローストーン国立公園へ行き、鮭釣りをし、セルフリッジ空軍基地の近くに住んでいるからであり、私が彼らの生活を知っているからだ。

彼らは、私の名前や私がどういう人間なのか知っていると思っている。私のことをよく耳にもしている。しかし、本当に気にしているのは、私から車を買うとき、自分の金と引き換えに何が得られるかだけだ。私を信頼し、私の出す条件を信用するのは、私が一番いい条件を出すことを知っているからだ。その点に関して彼らの考えていることは正しいし、彼らにも私にとっても本当に大事なことはそれだけだ。

私のしてきたことは誰にでもできる

私が話してきたことに秘密のようなものがあるとすれば、それは私がしてきたことは誰にでもできるということだ。天才である必要はない。私は高校さえも出ていない。しかし、それでも自分の目や耳や、自分がどういう扱いをされたいかという感覚は信じているし、自分がなぜある人から買って、ほかの人から買わないのかもわかっている。

私は、自分が会う一人一人が自分の仕事にとって重要になるかもしれないと常に思うように心がけてきた。どの人もたった一回の販売相手だと思ったこともない。ただの一度も。私はいつも「ジラードの二五〇の法則」を思い出す。友人、親戚、ボウリング仲間、仕事の同僚などはすべて「二五〇」の一員になりうる。

この法則の意味を理解するのに、コンピュータのエキスパートである必要はない。私は、自分が下手な仕事をしたら悪評を立てる可能性のあるこの同じ二五〇人が、私の顧客である可能性もあることを知っている。それを決して忘れないし、モノを売っている人の中にそのことを忘れてもやっていける人はいないと思っている。

いつもそれだけ多くの人のことを考えていることからもわかるように、私は誰に対しても慎重に対応し、相手の信用レベルがたとえ最低でもその姿勢を変えない。

私は、人生の中で金のない生活を何度も経験した。しかし、私は這い上がったし、今は最高の信用レベルにある。だから、過去に返済トラブルがあった人でも、人によっては信用しても大丈夫だと思っている。そして信用レベルの低い人のために何とかして資金調達の道を作ることができれば、彼の一生の信頼を勝ちとることができる。

そのため、自動車ローンを組むために連帯保証人が必要なときは細心の注意を払う。そういうケースに当たったときは、借入申込書を一緒に確認してもらいたいから、一番親しい人を連れてきてほしい、後は私が何とかするから、と客に言う。

たいていの人は友だちのローンの連帯保証人になってほしいと言われると、自分は連帯保証人にはならないと決めている、と自分のポリシーを説明し始める。しかし、私はなるべくあからさまに言わないようにしている。その友人に借入申込書の内容を確認してもらい、「お名前だけ頂戴できますか」と言う。そしてペンを押しやり、彼が取らなければならないように仕向ける。

もし相手が渋ったら、私は彼の友人に対する友情を盾に説得する。一緒に釣りに行ったことや、同じ高校に通い一緒に女の子を追いかけ回していたことを思い出させる。二人がいかに仲のいい親友同士かを強調し、その親友が助けを必要としていることをわからせる。私の客は友人に、もう問題は解決して今はきちんとした仕事があるから返済は問題ない、と保証する。お願いしているのだから、断れば友だちもなくし、私の前で気まずい思いをしなければならないという状況を作り出すのだ。するとサインしてもらえる。

私にこんなことができるのは、人は人生を変えられると本気で思っているからだ。私も自分の人生を変えた。同じように、あなたも変えられる。私が借入申込書に連帯保証人のサインをもらうのは、ほかの人も私と同じようにどん底から這い上がれるという私の信念のしるしなのだ。

私は少年拘置所で過ごした一夜や、操車場の貨車で眠った幾夜のことを決して忘れない。今はグロスポイントの美しい家で眠ることができる。ヘンリー・フォードの息子一家の家からほんの数ブロックのところだ。妻へのプレゼントとして、大理石のバスタブとサウナのある、円柱に囲まれた豪華な浴室をつくった。それだけで三万二〇〇〇ドルかかった。営業の仕事に就く前なら二年かかってもこれだけ稼げたことはなかった。

自慢話をしているように聞こえるかもしれないが、実は少ししている。しかし、私のすごさを知りたくてこの本を読んだわけではないだろう。私がどのように成功したか、そして自分も同じように成功できるかを知りたかったはずだ。

私の答えはこうだ。あなたにもできる。私の出発点を思えば、私にできたことはおよそ誰にでもできる。しかし、そのためにはそうなりたいと思わなければだめだ。頭のよさやクロージングのうまさでは、私と同じくらいか、それ以上の営業マンは大勢いる。

しかし、誰でもやればできることなのに、私のようにプロセス全体を組み立てている人はいない。やる気がないのかもしれないし、わずかな取り分で満足しているのかもしれない。

もっと欲しいと思え

だが今以上のことを期待するなら、もっと欲しいと思わなければならない。その味がわかるほどに切実に欲しいものをわかっていなければならない。私が妻に子供たちに食べさせる金がないと言われたときのように、あなたも動機を持たなければならない。

あなたがそれほど切望するものは、義理の母親に独立した住まいを用意することかもしれない。キャビンクルーザーや、パリ旅行かもしれない。それなら、自分の仕事のあり方が変わるくらい切望することだ。

会う人すべてに対して、この人に買わせることができたらこの人が自分の欲しいものを与えてくれる、というつもりで接することだ。そして、自分がどういう人が好きでどういう人が嫌いかを自問してみる。それが、自分がある人からは買うが別の人からは買わない理由だからだ。

何かを買いにいったときにときおり抱いた恐れを思い出してみよう。そうすれば、客に会ったとき、客の頭の中で何が起こっているか理解できるようになるはずだ。恐れを感じたときは、友だちを求めるだろう。自分がその友だちになることだ。客に信用され、信頼される友だちになることだ。

営業はゲームだ。そう言ってきた。これは芝居だ。だが、現実でもある。きちんとした仕事をすれば、本当にその客の友だちになれる。一緒にボウリングをするとか、自宅に招く、という意味ではない。そういう友だちではなく、自分にフェアに接し、尊重してくれる信頼できる人、という意味の友だちだ。

客は恐れを抱いている。あなたが自分以外の人の健康や生活状態には興味がないことを知っている。あなたが彼の奥さんや子供のことや彼の会社で今日何があったかなどどうでもいいと思っていることも知っている。

しかし、ある時突然、あなたが本当は気にしてくれていることに気づく。それはあなたが彼にそういう話を聞き始めるからだ。まもなく彼の恐れは消える。あなたが本当に気にかけてくれているかもしれないと思い始める。彼に話をさせ、耳を傾ける。そのうちあなたの言うとおりにしてもいいと思うほど、信頼するようになる。そして、注文書にサインしあなたから買ってくれるはずだ。

営業で得られる最も価値ある資産

ここが試されどきだ。彼はあなたから買ったが、それを後悔するだろうか。あなたを信用し、信頼していたら、後悔することはない。あなたが彼を本当にフェアに扱い、いくらで何を買ったか彼に正確に理解させていたことがわかれば、彼は後悔しない。

彼が買ったものと共に帰った後が本当に試されるときだ。無事に買い物が済んだ。客の手元には買ったものがある。それは、自分が欲しかったのはこれだと一〇〇パーセント確信できなくても買うほどあなたを信頼して買ったものだ。

今、彼はそれを見るたびに、あなたから買ったときのことを思い出す。あなたがフェアなゲームをし、どちらも勝利を手にできたのなら、営業で得られる最も価値のある資産を作り上げたことになる。

それは、営業マンを信頼する客、必要で欲しいと思っていたものを手に入れる手助けをしてくれたあなたを信頼する「顧客」だ。

すべて簡単なことのように思える。わけないことだ。ただ一つ、心の持ちようなのだ。何度も何度も繰り返し言っているように、欲求を持たなければならないし、それが何に対する欲求なのかを知らなければならない。

ただし、その結果、優秀ではなく、欲深な営業マンになる可能性もある。そうなると客に強引に売り込みたい気持ちに駆られる。強引に押しすぎると、たとえ客が買ってくれても、あなたはこの客を失うだろう。友だちにあなたの悪口を言うことはないかもしれないが、次に買うときはもう戻ってこない。だから、欲しいという気持ちをうまくコントロールし、賢くならなければならない。欲に走るという愚かなことをしてはならない。

毎朝、誰かへの憎しみで一日が始まる人もいるかもしれない。上司、義理の母親、犬、あるいは亡き父親。しかし、その感情を仕事に行く前に自覚すべきだ。その感情を利用して、悪い習慣ではなく、良い習慣を育てることができるからだ。客をだましたり、出し抜こうとしたりする代わりに、これらの感情を、客に勝ち、客を自分の側につかせたいという欲求に転換させることができる。

私は自分が価値のある人間だと父に証明しようとするのをやめたことはなかった。あまりにも長い間、父の言葉が私のやる気を打ち砕くにまかせていた。それは私が父の正しさを証明することによって父に好かれようとしていたからだ。本当に自分が最低なダメ人間になって父が正しいことを証明すれば、父に好かれると思っていた。

その一方で、私も大人にならなければならなかった。いつまでも自分が役立たずだと思ったままでやっていけるわけがなかった。今は逆の見方をしている。父にダメな人間だと言われていたことを思い出し、この記憶をバネにして、父が間違っていたことを証明している。私は客と友だちになるたびに、父が間違っていたことを証明している。車を売り、誰かが私を信用し、信頼するたびに、父との戦いに勝っている。

父の言葉やそのこぶしや革ベルトの思い出は、私を能なしの役立たずにする代わりに、私を賢く、役に立つ人間にし、ますます有能なプロに育ててくれる。もっとましな人間になりたいと思う人は、誰の内面にもある、もっとダメな人間になろうとする力と戦わなければならない。誰でも両方の感情を持ち合わせている。破壊的な感情と建設的な感情。勝つことは建設的なことだ。私が敗者から勝者に転身できたとすれば、誰にでもできる。そして私は本当にできたのだ。

ある朝目覚めて、奇跡的に変身したわけではない。顧客とどう接するか、誰の言うことを信じ、誰を避けるべきか、どうしたら自分の郵便を人に読んでもらえるか、どうしたら私から物を買ってくれてよかったと思ってくれるか、一夜にしてわかったわけではない。

自分がどのようにして今の自分になったのか、これまで説明しようと努めてきた。あなたがその気になれば、あなたにも同じことが経験できることを納得してもらえるように話してきたつもりだ。

私が言っているのは、精神衛生や心の平和のことではない。営業の話をしているのだ。あなたが仕事をし、仕事のことを考えるすべての時間のことを言っている。それはどんな営業マンにとっても相当な時間だ。営業マンは自分自身を見つめ、自分が何を欲しいと思っているのかを知り、それをどうやって手に入れられるかに専念しなければならない。それを毎日やらなければならない。自分の欲求を思い出し、欲しいものを得、それをもっと得るにはどうすればよいかを考えなければならない。

つまり、自分の仕事の中には、うまい手とまずい手、効果のあるアイデアや方法と、ないアイデアや方法があることを認識しなければならないということだ。自分自身と自分の仕事のやり方を見直し、どうしたら成果が出せるのかを知ることだ。

私がどのように考え、感じ、仕事をしているか、いろいろと述べてきた。私が実際にやっていることも細かく話してきた。その中で活用できることがたくさんあるだろう。これまでにも、大勢の営業マンが私の話がためになったと言ってくれた。私がやっていることが、実際に自分の仕事にも役立っていると言われる。

しかし、その中のトップの人たちは、独自の方法やテクニックを作り出している。私のやり方から出発して、それをさらに発展させている。あるいは、私のより、自分にとって効果のある独自のシステムを思いつく人もいる。

まったく異なる業界の営業マンにも、私のテクニックやそこから派生した方法を使い、その業界では前例がなかったにもかかわらず、成功した人がいる。小規模の小売店の業態が伸びているのは知っているだろう。そういった小規模のブティック型専門店は、特に洋品店が多いが、顧客一人一人に対応したきめ細やかなサービスを提供している。

それはつまり、いくら自分でショッピングカートを押すセルフサービスの店で何でも買い揃えられても、人は、親身なサービスを望んでいるということだ。自分のことを気にかけているように振る舞う人間から買う方がいいと思っているのだ。欲しいものが入荷したら連絡をくれる人、誕生日や趣味を覚えていてくれる人、自分だけに宛てて手紙を送ってくれる人から買いたいのだ。

何を売っていても、ブティック型専門店のような販売の仕方はできる。肝心なのは、どんな店に勤めるかやどんな商品を扱うかではなく、顧客にどう接するかだからだ。それは、この世の中で一番言い古されているが、一番的を射たアドバイスだ。コンピュータやセルフサービスの世の中で、「ありがとうございました!」と言う営業マンは、ヒーローか友だちのように思われるかもしれない。本心からそう思えば、言わずにはいられないはずだ。

本気でそう思ってはいけないだろうか。誰かが何かを買いにやって来て、金を払ってくれたおかげで、子供を食べさせることもヨーロッパへ旅行することもモーターボートを買うこともできるのだ。本心でなければ嘘だ。金を払ってくれる人はムーチではなく、誰もが一人の人間だと心から信じなければならない。

この本に最後の言葉はない。物語は終わらない。振り出しに戻るだけだ。しかし、始まるたび、種をまき観覧車の席を埋めるたびに、少しずつプロフェッショナルになり、少しずつ成果が表れるはずだ。顧客や売上げは徐々にだが、増えていく。そして、売れば売るほど楽しみと儲けが増えていくだろう。

私ははじめに言ったはずだ。私は自分がしてきたことをどうやって学び実行してきたかをこの本に書いてきた。それを読み、耳を傾け、学んだら、あなたの売っている物はもっと売れるようになり、自分の仕事や自分自身をもっと好きになれる、と。

勝ち続けるために

その約束はまだ生きている。

私にできたことは、あなたにもできる。私が保証する。

訳者あとがき

ジラード氏の販売最高記録、年間一四二五台。ディーラーでさえ、年間一〇〇〇台以上販売しているのは、アメリカ全体で五パーセントに過ぎないと言われている。

本書が執筆されたのは七七年。しかし、この本を読めば、営業マンや仕事をするすべての人にとって大事なのは、とても普遍的なことであるのがわかる。この本では、その普遍的なことが繰り返し説かれている。

もう一つ繰り返し出てくるのは、〝I guarantee you（私が保証する）〟という言葉だ。これぞプロの営業マンのプライドを賭けた重みのある言葉なのだ。

誰にとっても成功体験は仕事をする上で大きな弾みになる。だから、営業マンになりたての人も、売れなくて困っている人も、トップを目指す人も、営業テクニック満載の本書を読まれた方はきっと、どんどん成功して、味を占めて、一層楽しんで仕事ができるようになるだろう。

最後になるが、本書の翻訳にあたり温かい励ましとサポートをいただいた株式会社トランネットの近谷浩二さん、チェッカーの清川幸美さんに心からお礼を申し上げたい。

＊ジラード氏のホームページ（www.joegirard.com）では、仕事部屋に飾っているという靴磨きをしているジラード少年の写真を見ることができる。

石原　薫

本書は、2004年5月にフォレスト出版より刊行された
『私に売れないモノはない!』を改題および再編集したものです。

【著者紹介】

ジョー・ジラード（Joe Girard）

1928年、デトロイトの下町で貧しいイタリア移民の家に生まれる。学歴は高校中退。８歳から靴磨きを始め、９歳で新聞配達、次に皿洗い、ストーブ組立工、住宅建築業者など40余りもの仕事を転々とした後、35歳でミシガン州イーストポイントにあるシボレーの販売代理店で営業マンの道を歩み始めた。その後、1966年以降1978年に引退するまでの12年間を連続してギネスブックの「世界No.１のセールスマン」に認定されている。１日最高18台。１ヵ月最高174台。１年最高1,425台。１日平均６台。15年間で通算13,001台の自動車（新車）を販売。

現在は、アメリカで最も人気のあるコンサルタントの一人として、本やコラムの執筆、市民団体・大手企業の販売会議などでのセミナーを中心に活動している。

www.joegirard.com

【訳者紹介】
石原　薫（いしはら・かおる）

国内メーカー、英系ブランディング会社、米系デザイン会社勤務を経て翻訳に携わる。主な訳書に、『世界一の「売る！」技術』（ジョー・ジラード著）、『シュガーマンのマーケティング30の法則』（以上フォレスト出版）、『ウーマン・エコノミー』『兵法三十六計　かけひきの極意』（以上ダイヤモンド社）、『クラッシュ・マーケティング』（実業之日本社）などがある。

【翻訳協力】
株式会社トランネット　http://www.trannet.co.jp

最強の営業法則

2018年5月19日　初版発行

著　者　ジョー・ジラード　スタンリー・H・ブラウン
訳　者　石原　薫
発行者　太田　宏
発行所　フォレスト出版株式会社
〒162-0824 東京都新宿区揚場町2-18　白宝ビル5F
電話　03-5229-5750（営業）
　　　03-5229-5757（編集）
URL　http://www.forestpub.co.jp

印刷・製本　中央精版印刷株式会社

ISBN978-4-89451-793-6　Printed in Japan